Ich bin Ute Keller. Mein Leben lang habe ich andere Menschen auf dem Weg zu ihrem lebendigen Selbst begleitet. Bei Dr. Udo Derbolowsky erprobte ich mich in der Lehre der Psychopädie, also der Selbstliebe. Werner Meinhold lehrte mich die analytische Hypnosetherapie. Anschließend bildete ich mich in der systemischen Aufstellung weiter und wurde Kinder- und Jugendcoach. Besonders am Herzen liegt mir die therapeutische Arbeit mit (werdenden) Eltern und Sternenkindfamilien. Dazu erscheint auch in Kürze mein Podcast „Blick in deine Innenwelten“.

www.ute-keller.de

Impressum

1. Neuauflage „Das volle Körbchen“, 2022

Das volle Körbchen ist eine überarbeitete Neuauflage von „Das Gegenteil von fehlerfrei“. Letzteres wird nicht mehr verlegt.

Ute Keller,
Föhrerstrasse 7,
64839 Münster.

Lektorat: Bella Bender
Cover & Buchsatz: Désirée Riechert, Kiwibytesdesign.com
Schlusskorrektorat: Peter Gura
Bildnachweise: Adobe Stock © senoldo, 26513708, zolotons, 143178027, guingm5 , 206466921, CharlieNati, 271292572

Ute Keller

Das volle Körbchen

Das Wurzelkind geht seinen Weg

Münster 10.12.2022

Liebe Nicole,

Die Liebe ist die Essenz des Seins

Du bist ein strahlender Stern

Leuchte

alles Liebe,

Ute

Widmung

Für meine Enkelin Minéyla. Zwischen uns besteht ein enges seelisches Band. Deswegen möchte ich ihr erzählen, wie ihre Omi es aus tiefster Dunkelheit ins Licht schaffte und der Mensch werden konnte, der sie heute ist. Minéyla gehört zu einer jüngeren Generation und wird die Welt anders erleben, als ich es tat. Ich habe die Hoffnung, dass meine Geschichte stets die Verbindung zu ihren Wurzeln sein wird.

Inhaltsverzeichnis

Vorwort

Wer bist du? Weißt du, wo du hinwillst? Wo kommst du her?

Wie möchtest du leben?

Wenn du dieses Buch in der Hand hältst, erlebst du vermutlich aufregende Zeiten. Du baust dir das auf, von dem du immer geträumt hast: eine Arbeit, die dich erfüllt, eine Beziehung zu deinem Partner oder deiner Partnerin. Vielleicht möchtest du sogar eine Familie gründen. Gerade in Zeiten des Wandels und der Veränderung ist es wichtig, bewusst zu leben. Doch was bedeutet das?

Mein Name ist Ute Keller. Ich bin Heilpraktikerin und Hypnosetherapeutin. Heute bin ich glücklich verheiratet und Mutter eines erwachsenen Sohnes, inzwischen sogar Omi. Meine Familie und meine Arbeit als Therapeutin bilden den Mittelpunkt meines Lebens. Ich bin bei mir angekommen und möchte anderen Menschen helfen, das ebenfalls zu erreichen. Im Zentrum meiner therapeutischen Arbeit steht das menschliche Bewusstsein – in meiner Praxis schule ich Klienten1, sich selbst anzunehmen: Es ist, wie es ist. Gute und schlechte Erfahrungen gehören zum Leben dazu. Wer die Akzeptanz erreicht, kann bei sich ankommen und den inneren Frieden finden. Liebt man sich selbst, ist man auch in der Lage, diese Liebe und Fürsorge weiterzugeben. Auch du trägst deine eigene Lösung und Heilung in dir, sie möchten von dir geboren werden.

In diesem Buch verwende ich das generische Maskulinum[1]. Die Aufgabe eines Therapeuten ist die Suche nach dem roten Faden im Leben. Es ist faszinierend, welche Macht unserem Unterbewusstsein gegeben ist und wie tief manche unserer Wünsche und auch Ängste vergraben sind. Doch was mich persönlich als Mensch und als Therapeutin ausmacht, ist nicht mein theoretisches Wissen, sondern meine Gabe, jemanden zum eigenen Selbst zu führen. Instinktiv schaue ich durch die Masken und erkenne, wen ich vor mir habe. Viele meiner Klienten meinen nach ihrem Erstgespräch bei mir, ich hätte förmlich durch sie hindurchgesehen. In meiner Praxis setze ich viele verschiedene Methoden zur Bewusstseinsarbeit ein: So gibt es zum Beispiel praktische Körperübungen, um mit sich selbst in Verbindung zu kommen. Manche meiner Klienten legen auch Erfolgsbücher an oder erfahren sich selbst in der Hypnose und in der Aufstellungsarbeit. Besonders am Herzen liegt mir die Arbeit mit Familien: Ich habe schon mit Familien gearbeitet, die einen Verlust verkraften mussten, mit Paaren, die ihre Konflikte überwanden, oder mit werdenden Müttern, die den Kontakt zu ihren Babys aufbauten.

Denn gerade in unseren Beziehungen spiegeln sich unser richtiges und unser erlerntes Selbst wider. Um zu lieben – sei es als Partner oder als Elternteil –, müssen wir unser wahres Selbst aus zahlreichen Schichten, die uns im Laufe der Jahre gewachsen sind, wieder herausschälen. Vor allem

---

1 Wenn ich auf „Klienten" oder „Therapeuten" verweise, verwende ich grammatisch die männliche Form, beziehe mich dabei aber auf alle Geschlechter. Wenn ich über geschlechterspezifische Themen schreibe, wird das jedoch im Kontext deutlich.

als Mutter oder als Vater hangelt man sich an der Bewusstheit entlang, an einer Kette von Erkenntnissen. Mit dem Elternwerden ist die eigene Kindheit auf einmal wieder stärker präsent, tiefe Kindheitserinnerungen und alte Gefühle kommen wieder auf einen zu.

Ich selbst habe diese Erfahrung ebenfalls gemacht: Als ich Mutter wurde, entwickelte sich sehr schnell mein Beschützerinstinkt. Eine Löwin war ich, bereit, das Wohl meines Kindes mit Klauen und Zähnen zu verteidigen. Das Loslassen fiel mir jedoch schwer, da ich dieses Thema für mich selbst noch nicht bearbeitet hatte. Aus der heutigen Perspektive, mit allen meinen Erkenntnissen, würde ich vieles anders machen. Deswegen kann ich den Menschen nur ans Herz legen, sich mit sich selbst auseinanderzusetzen, bevor sie eine Familie gründen. Wer sich seine eigene Geschichte bewusst macht, läuft deutlich weniger Gefahr, die persönlichen Themen auf das Kind zu übertragen. Kinder verdienen es, ihre eigenen Erfahrungen unbelastet und frei von den Themen und Ängsten der Eltern zu machen. Sind Eltern bei sich selbst angekommen, können sie ihrem Kind das Urvertrauen vermitteln, mit dem sie es schließlich ins Leben entlassen.

Meine Arbeit als Therapeutin, meine eigenen Analysen und meine Lebenserfahrung lassen sich für mich nicht trennen. Deswegen möchte ich sowohl Erkenntnisse aus meiner Praxis weitergeben als auch von meinem eigenen Weg zur Selbstliebe erzählen. Ich möchte dich auf diesem Weg mitnehmen und dich dazu motivieren, ihn selbst zu gehen.

Bist du bereit, dich selbst neu kennenzulernen?

Gezeichnet von meiner lieben Schwiegertochter Lupä

Selbstliebe und Selbsterkenntnis

Aufsteigt der Strahl und fallend gießt
Er voll der Marmorschale Rund,
Die, sich verschleiernd,
überfließt In einer zweiten Schale Grund;
Die zweite gibt, sie wird zu reich,
Der dritten wallend ihre Flut,
Und jede nimmt und gibt zugleich Und strömt und ruht.

~ Der römische Brunnen, C. F. Meyer, 1882 ~

Dieses wunderschöne Bild des römischen Brunnens begegnete mir zum ersten Mal in meiner Ausbildung zur Psychopädin bei Dr. Udo Derbolowsky. Seine Lehre der Psychopädie war, einfach gesagt, die Lehre der Selbstliebe.[2] Dr. Udo Derbolowsky, geboren 1920 in Berlin, war Neurologe und Psychoanalytiker bzw. Psychotherapeut. Er war als Lehranalytiker für andere Ärzte und Therapeuten tätig und leitete das christliche Jugenddorf im Saarland.[3] Ich lernte ihn durch eine Selbsterfahrungsgruppe kennen; über einen Zeitraum von zwei Jahren

---

2 Weiterführende Literatur: Derbolowsky, Udo: Wer mich nicht liebt, ist selber schuld: Psychopädie – ein Ratgeber zur praktischen Lebenshilfe, Basel/Boston/ Berlin 1991.

3 Weiterführende Literatur: Derbolowsky, Udo: Psychoanalyse ohne Geheimnis, Basel/ Boston/Berlin 1990.

trafen wir uns einmal im Monat in seiner Privatpraxis, um von ihm zu lernen.

Ich persönlich habe jedoch, als ich das Gedicht von Conrad Ferdinand Meyer las, eine eigene Bedeutung darin entdeckt. Die unterste und größte Schale des Brunnens ist die Gottschale. Sie steht für das Universum und die allgegenwärtige göttliche Liebe. Die mittlere Schale ist die Du-Schale und symbolisiert unsere Beziehungen zu anderen Menschen. Die oberste und kleinste Schale ist die Ich-Schale. Dabei sind die Bestandteile des Brunnens durch ein Rohrleitungssystem miteinander verbunden, sodass Wasser über die oberste Schale hinab in die mittlere und schließlich in die unterste Schale fließt. Dort angekommen wird das Wasser durch die Rohre wieder nach oben geleitet und das Prinzip beginnt von vorn: Im Grunde zirkuliert die Liebe vom Individuum zum Ganzen und wieder zurück. Es ist ein natürlicher, gesunder Kreislauf. Aus der universellen Liebe fließt automatisch die Liebe des Menschen zu sich selbst, aber auch die Liebe zu den anderen – und zurück! Das geschieht ohne Zutun des Individuums.

Warum fühlen sich so viele Menschen dann ungeliebt? Das Problem ist nicht, dass die Liebe nicht da wäre. Sie umgibt uns alle. Jeder trägt die unerschöpfliche Quelle in sich. Doch manchen Menschen fehlt die Fähigkeit, sie zu sehen, zu schätzen und anzunehmen. Zurückführen kann man das auf ungesunde Glaubenssätze wie „Ich habe es nicht verdient", „Ich bin nicht gut genug" oder „Ich bin nicht liebenswert".

Kommt dir das bekannt vor?

Meine Arbeit besteht darin, diese oberste Schale, die Schale des Ichs, anzuzapfen und die Selbstliebe wieder zu wecken. Dafür löse ich die Blockaden, sprich die negativen Glaubenssätze, auf und führe die Menschen aus der Selbstentfremdung zurück in ihre Liebesfähigkeit.

Religiosität spielt bei diesem Prozess eine große Rolle. Dabei meine ich nicht zwingend den Glauben an Gott im klassischen Sinne. Ein Mensch muss keiner Kirche angehören oder zu einer Gottheit beten, um an etwas Größeres zu glauben. Es geht um die Frage nach dem Sinn des Lebens und dem Bezug zum Universum. Diesen Bezug brauchen wir Menschen, damit das Ich und das Du in unserem Leben ausgeglichen sind.

Ich persönlich glaube an die universelle Fähigkeit, die Gabe eines jeden Menschen, Liebe zu geben und zu empfangen. Bei manchen ist diese Gabe verschüttet und muss wieder herausgeschält werden. Dennoch ist sie da. Der Schlüssel zur Heilung und zur Selbstliebe ist meiner Ansicht nach die Akzeptanz. Solange man noch gegen etwas ankämpft, ist loslassen unmöglich. Je länger man kämpft, desto größer wird der Konflikt. Aus einem anderen Blickwinkel kann die Situation aber auch anders erscheinen: Vielleicht ist das, was wir für unseren Gegner halten, in Wirklichkeit kein Feind, sondern ein Freund. Und sobald wir das erkannt haben, können wir freundschaftlich die Hände schütteln und gemeinsam aus dem Ring steigen.

Wie erreicht man Akzeptanz? Ich nutze in meiner Praxis Hypnose als Werkzeug, um Kopf und Bauch wieder miteinander zu verbinden. Unser Kopf schließt die Dinge weg, die unser Bauch als Negativerfahrung erlebt, um uns im Alltag zu schützen. In Hypnosesitzungen werden Ereignisse aufgearbeitet: Wo zuvor der Kopf Erlebtes und Empfundenes getrennt hat, kann die Hypnose dies wieder verbinden. Der Schmerz wird nicht mehr verdrängt, sondern noch einmal in all seiner Intensität gefühlt und schließlich losgelassen.

Auf die Akzeptanz folgt die Heilung. Natürlich erfordert es Mut, in die eigenen Schattenthemen abzutauchen, doch dieser Mut wird belohnt. Hinabgestiegen ist man in den Hades, jedoch findet man dort nicht den Tod, sondern das Leben. Gestärkt geht der Mensch daraus hervor und kann sich selbst lieben. Es lohnt sich, seine Angst zu überwinden, sei es die Angst vor der eigenen Kraft, der Macht der Liebe oder vor dem Schmerz.

Aus der Zeit mit Dr. Udo Derbolowsky schöpfe ich heute noch vieles. Ein Satz von damals ist mir stets im Gedächtnis geblieben: „Eltern haben nur Pflichten und Kinder haben nur Rechte. Die Pflicht der Eltern ist es, den Kindern Liebe zu schenken, während die Kinder das Recht haben, diese Liebe anzunehmen." Doch je älter ein Kind wird, desto eher erlischt die Pflicht der Eltern, diese Liebe zu geben. So muss das Kind sich selbst diese Liebe schenken. Es ist eine sehr elementare Form der Eigenverantwortung im Leben. Viele von uns hatten keine perfekten Eltern und haben durch Kindererziehung Defizite erlitten. Auf eine bestimmte Weise wurden wir unterdrückt oder schlichtweg nicht gesehen. Unbearbeitet bleiben diese Defizite bestehen und können zu körperlichen oder seelischen Problemen führen. In der Außenwelt werden wir stets mit diesen Defiziten konfrontiert, sei es durch die Schule, die Arbeit oder unsere Mitmenschen. Unbewusste Menschen werden die Schuld daran stets ihren Eltern zuschieben und sich selbst nicht in der Verantwortung sehen. Die Opferrolle kann sehr bequem sein. Doch verharren wir in der Opferrolle wie ein kleines Kind, das seine Eltern für alles verantwortlich macht, werden wir auch unser kindliches Leid immer wieder durchleben. Verlassen wir dagegen die Opferrolle und übernehmen die Verantwortung, ist der Schatten kein Fremdkörper mehr. Wir haben gelernt, unsere Erfahrungen und damit auch uns selbst als Individuen anzunehmen.

Der erste Mensch, der mich wirklich so gesehen und angenommen hat, wie ich bin, war meine Patentante. Sie ist eine Schwester meiner Mutter und war eine zentrale Bezugsperson für mich. Ich trage sogar ihren Namen – mein zweiter Name ist ja Marie-Luise. In meiner Kindheit sahen wir uns nicht so oft, wie es mir recht gewesen wäre, aber jedes Treffen tat mir unfassbar gut. Sie war eine groß gewachsene, schlanke Frau und blieb lange ungebunden. Meine Patin arbeitete als Verkaufstrainerin bei Kaufhof und war ein Mensch, der stets versuchte, das Beste aus sich zu machen. Als sie heiratete, veränderte sich unser Verhältnis. Ein Bild ist mir in Erinnerung geblieben, weil ich es als sehr schlimme Erfahrungen verbucht habe: Ich war bei ihr zu Besuch. Sie lehnte sich an die Schulter ihres Ehemanns und forderte mich auf, sie ab sofort nicht mehr „Patin", sondern „Tante Marie-Luise" zu nennen. Für mich war „Patin" gleichbedeutend mit „Mama" und ich fühlte mich fallen gelassen. Das Gefühl des Verrats hielt so lange an, dass ich im Erwachsenenalter meinen Kontakt zu ihr verlor. Inzwischen haben wir uns ausgesprochen. Sie meinte, sie habe damals meine Gefühle nicht verstanden, weil sie selbst noch nicht Mutter war. Ich erzähle dies, weil Zurückweisung meistens sehr früh auf sehr elementarer Ebene geschieht und uns als Erwachsene noch prägt. Dennoch sollte das niemand zum Anlass nehmen, sein Herz zu verschließen.

Eine enge Freundin ging diesen Weg. Anna[4] und ich wollten verschiedene Dinge vom Leben, doch genau das machte den Reiz unserer Freundschaft aus. Noch heute denke ich manchmal an unsere Gespräche zurück; sie war sehr klug und weltoffen. Eines Tages verliebte sie sich in einen einfachen Autolackierer. Ihr Vater war gegen diese Beziehung und sabotierte sie von Anfang an. Eine Weile trafen sich die beiden heimlich, bevor die Verbindung zerbrach. Als sie damals zu mir sagte: „Ich werde mein Herz verschließen“, widersprach ich heftig: „Bitte tu das nicht! Das ist nur die halbe Miete, kein ganzes Leben. Das willst du nicht.“

Natürlich hörte Anna nicht auf mich. Zunächst sah für meine Freundin alles rosig aus. Sie studierte Jura, wurde zuerst Anwältin, dann Richterin. In dieser Zeit entwickelte sie eine chronische Erkrankung. Unsere Freundschaft litt; Anna machte mir hässliche Vorwürfe, die ich nicht verstehen konnte. Heute haben wir keinen Kontakt mehr. Ab einem gewissen Zeitpunkt konnte ich nicht mehr zu ihr durchdringen – von meiner alten Freundin, wie ich sie gekannt hatte, war nichts mehr übrig. Eine feste Beziehung hatte sie nie und sie blieb kinderlos. Am Ende war sie ganz allein. Ich bin mir sicher, dass all dies nicht geschehen wäre, wenn sie sich nicht vor all ihren Gefühlen verschlossen hätte. Für mich ist diese Geschichte beispielhaft für das, was aus Menschen werden kann, wenn sie die Liebe aufgeben.

Nicht nur meine Zeit bei Dr. Derbolowsky brachte mich auf den Weg der Selbstliebe. In meiner Jugend erlebte ich tiefgehende Freundschaften, die mich sehr geprägt haben und die mir teilweise über Jahrzehnte Halt

---

4 Name gändert

gaben. Meine Freundin Anna wählte einen Pfad, auf dem ich ihr nicht folgen wollte. Doch einige Menschen aus alter Zeit sind mir geblieben. Aus diesen Freundschaften schöpfe ich bis heute Vertrauen, Akzeptanz und Liebe. Vor allem muss ich dabei an meine Schulfreundin Montse denken. Montse und ich lernten uns in der 5. Klasse kennen. Ihre Familie kam aus Katalonien. Sie hatte leuchtend rotes, lockiges Haar und hatte dafür stets einen zackigen Kamm dabei. Eines Tages wickelte ich mein Pausenbrot aus der Folie und sie hatte eine Idee: „Wickle doch meinen Kamm in diese Folie ein und ich muss ihn wieder auspacken.“ Ein paar Wochen lang wiederholten wir dieses Spiel. So wurden wir Freundinnen.

Ich durfte sie und ihre Familie besuchen. Sie lebten alle in einem lebendigen Frankfurter Wohnblock. Es war schön, ihre Familienmitglieder kennenzulernen, wie zum Beispiel ihre jüngere Schwester Esther, von uns „Esti“ genannt. Montse war eher introvertiert und sehr kopfbetont, Esti dagegen war sehr ausgelassen, ein richtiger Freigeist. Mit ihr alberten wir herrlich herum. Es war eine wunderbare Zeit, die wir zusammen verbrachten. Montse war auch mein erster Kontakt zu einer anderen Kultur. Vor allem ihre Großmutter Yaya kochte für uns katalanische Gerichte und erzählte von ihrer Heimat. Auch später, in meinen turbulenten Jugendjahren, hielt Montse zu mir und brachte Freude in mein Leben. Später verliebte sie sich in meinen Cousin Peter. Auch wenn die beiden sich später trennten, blieben sie einander freundschaftlich verbunden. Montse und ich stehen uns heute vielleicht nicht mehr so nah wie damals, doch wir sind beide Patinnen von Peters Sohn Sebastian. Wann immer wir uns sehen, ist da dieses Gefühl von Wärme und die Gewissheit, dass von einer alten Freundschaft stets etwas fürs ganze Leben bleibt.

Als ich in der neunten Klasse war, hatte ich eine Religionslehrerin, die ich sehr mochte. Um genau zu sein, wiederholte ich das Schuljahr. Es war auch das erste Mal, dass ich mit Mädchen und Jungen gemeinsam in einer Klasse saß, weil das Mädchengymnasium in Frankfurt Nordend allmählich zu einer gemischten Schule umgestellt wurde. Diese Religionslehrerin war mit einem Chinesen verheiratet, daher hieß sie Frau Chen. Eines Tages erzählte Frau Chen uns eine sehr schöne Geschichte, an die ich noch oft denken sollte: „Am Ende des Lebens hat jeder von uns ein Körbchen neben sich stehen. Schaut man in dieses Körbchen und sieht, dass es voll von den wunderbaren Dingen ist, die man angesammelt hat, kann man die Augen schließen und in Frieden gehen. Wenn es aber leer ist oder zu wenig Gutes enthält, erinnert man sich in seinen letzten Momenten an alle verpassten Chancen und der Abschied ist voller Bedauern.“ Vielleicht geschah es unbewusst, doch schon in diesem Moment schloss ich einen Vertrag mit mir selbst: „Die Ute hat irgendwann ein volles Körbchen.“

Es war der Beginn einer Suche nach mir selbst. Ich blicke auf eine sehr dunkle Kindheitsgeschichte zurück, aber nun stehe ich im Licht. Heute weiß ich, wer ich bin – damals wusste ich es noch nicht. Im Grunde gab es mich überhaupt nicht. Deswegen ist es mein Ruf, das auch an andere weiterzugeben. Es war mein Weg zu einem vollen Körbchen. Wie ein roter Faden schlängelte sich diese Suche durch mein ganzes Leben. Ich wünsche jedem von Herzen, dass er am Ende des Lebens auf dieses volle Körbchen blicken kann. Angenommen, ich müsste heute gehen, wäre mein Körbchen jetzt schon voll. Obwohl bestimmt noch viele gute Dinge auf mich warten, habe ich alles erreicht, was ich je wollte. Ich habe einen liebevollen Ehemann, einen erwachsenen Sohn und eine Schwiegertochter, mit der ich mich gut verstehe. Vor allem meine Enkelin bedeutet für mich unheimlich viel Lebensfreude. Ich bin in der Liebe geblieben und habe nie mein Herz verschlossen. Vielleicht gibt es immer Dinge, die man noch ausprobieren will, Ziele, die zu erreichen sind. Doch es geht beim vollen Körbchen letztendlich darum, sich selbst bewusst und bei sich angekommen zu sein.

Um bei sich selbst anzukommen und bewusst zu leben, muss man sich zuerst die richtigen Fragen stellen: Wie will ich leben? Wie kann ich für mich selbst sorgen? Welche Ängste habe ich? Was ist der Sinn meines Lebens? Wer bin ich? Was macht mich aus? Worauf und auf wen reagiere ich? Was macht das mit mir? Wo will ich am Ende meines Lebens sein?

Auf den ersten Blick sind das ziemlich viele Fragen, du musst allerdings nicht alle sofort beantworten. Es ist durchaus legitim, diejenigen Fragen herauszufiltern, die dich im Augenblick ganz besonders ansprechen. Das deutet vielleicht auch auf den Wunsch hin, genauer darauf zu schauen. Hilfreich ist es, sich ein Wunschbild von seinem eigenen Leben vorzustellen. Von diesem Punkt aus kannst du die tiefer liegenden Werte abstrahieren. Wenn du denkst: „Ich möchte frei sein und ein selbstbestimmtes Leben führen", dann sieh hin, wann du fremdbestimmt gehandelt und wann du dagegen die Verantwortung übernommen hast. In welchen Situationen ging es dir gut? In welchen nicht? Woran liegt das? Wichtig ist auch, diese Erkenntnis nicht einfach nur als solche stehen zu lassen, sondern konsequent danach zu handeln. Vielleicht stellst du für dich fest, dass du sehr naturverbunden bist. Dann könnte es hilfreich sein, dich für Umweltschutz zu engagieren oder aktiv etwas ins Leben zu holen. Rituale der Selbstfürsorge spielen gleichfalls eine große Rolle. Wie kannst du dir selbst etwas Gutes tun? Selbsthilfe ist letztendlich ein Werkzeug, um sich in einer Unruhe- oder Stresssituation zu beruhigen. Das kann zum Beispiel Autogenes Training, Meditation oder auch die richtige Literatur sein. Oder du hörst deine Lieblingsmusik und tanzt eine Runde.

Bewusstsein bedeutet letzten Endes, dass dem Menschen mehr gegeben ist als seine bloße Existenz. Wir haben die Fähigkeit, zu reflektieren, und sollten sie nutzen. Vielen Menschen ist leider nicht bewusst, dass sie durch die richtigen Fragen in die Tiefe ihres eigenen Selbst schauen und dazulernen können. Stattdessen lassen sie sich von außen steuern, was sehr kräftezehrend ist. In meine Praxis kamen schon Klienten, die sich zuvor nie mit dem Sinn ihres Lebens auseinandergesetzt hatten. Ihr halbes Leben verbrachten sie im Hamsterrad und hinterfragten die eigenen Entscheidungen kaum: „Meine Mama hat das auch nicht anders gemacht." – „Was sollen denn die anderen dazu sagen?" – Aber was denkst du? Du ganz allein?

Es ist kein Zufall, dass sich so viele Menschen erst in der Mitte ihres Lebens, sozusagen in den besten Jahren, diese Fragen stellen. Meistens liegt das daran, dass in dieser Phase das Leben in geregelten Bahnen verläuft und Raum für Reflexion bleibt. Meiner Ansicht nach hat das wenig mit dem Alter an sich zu tun, sondern mit der Erkenntnis, dass die weltlichen Dinge, auf die man bis zu diesem Zeitpunkt hingearbeitet hat, vielleicht nicht ausreichen.

„War das jetzt alles?", fragen sich manche. Berechtigte Frage. Kein Kick, kein Seitensprung oder Abenteuer sorgt dafür, dass diese Frage sich einfach in Luft auflöst. Im Gegenteil – der Drang, Antworten zu finden, wird stärker.

Die Frage „Warum bin ich hier?" verselbstständigt sich schnell. So lernst du, was dich ausmacht, welches Potenzial in dir steckt, welche Gaben du hast und ebenso, welche Schattenseite in dir steckt. Auch die Gottesfragen gehören dazu. Welchen Bezug hast du zu Gott und zum Universum? Gottesfragen stellen sich auch Agnostiker. Vielleicht glaubst du an keinen Gott. Ich bin mir aber sicher, dass du auf etwas in dieser Welt vertraust, und das wiederum macht deine eigene Gottesfrage aus.

Stell dir vor, du hättest nur noch eine Woche oder sogar nur noch einen einzigen Tag zu leben. Wie würdest du ihn verbringen? Was wäre dir wichtig? Materielle Güter können wir nicht mitnehmen, auch der eigene Körper wird zurückgelassen. Also müssen wir uns fragen, was bleibt, selbst wenn diese Frage wehtut. Die meisten verdrängen das Thema Sterben und Tod, weil sie Ängste haben. Doch diese Themen gehören nun einmal zu unserem Dasein dazu. Wer sich damit auseinandersetzt und in den Schatten hinabtaucht, kann auch das Leben und den Lebensfluss viel eher zu schätzen lernen.

Unsere Ängste stehen uns auf der Suche nach uns selbst oft im Weg. Manchmal wissen wir gar nicht, woher sie kommen; sie blockieren einfach unseren Lebensfluss und hindern uns daran, die Dinge zu tun, die wir gerne tun wollen. Es ist hilfreich, aufzuschreiben, woran genau man denkt, wenn man diese Angst verspürt. Im Grunde genommen ist es wie ein Brainstorming. Vermeidung ist keine Option. Angst auslösenden Situationen einfach nur aus dem Weg zu gehen verbessert die Situation nicht. Im Gegenteil, die Angst wird dadurch nur noch stärker. Diese Lektion habe auch ich bereits als Kind lernen müssen. Mein Vater war überbehütend. Anstatt dass ich eigene Erfahrungen machen durfte, war er mein zweiter Schatten. Sogar heute, als Erwachsene, spüre ich das noch. Es sind die Ängste meines Vaters, aber auch meine eigenen, da ich diese Empfindungen irgendwann übernahm. Ich habe mich diesen Ängsten gestellt und sie bearbeiten dürfen.

Wenn die Ängste aber stärker werden und in Panikattacken und Depression münden, ist es an der Zeit, sich therapeutische Hilfe zu suchen oder an einem Coaching teilzunehmen. Durch die Arbeit mit meinen Klienten weiß ich, wie sehr Ängste einen im Alltag einschränken können. Eine meiner Klientinnen zum Beispiel steht mitten im Leben und hat einen guten Job, doch die Angst hat ihr Leben auf den Kopf gestellt: Auf einmal konnte sie nicht mehr einfach in Restaurants gehen, Auto fahren oder sich in engen Räumen aufhalten. In unseren Sitzungen musste auch sie sich alle diese existenziellen Fragen stellen. Sie konnte dies jedoch mit meiner Unterstützung tun, sodass sie ihren Ängsten nicht allein ausgesetzt war. Als sie schließlich ihr Überlebenssystem und ein frühkindliches Trauma aufdeckte, verschwanden die Ängste und sie konnte ihren Alltag wieder meistern.

Das wahre und das erlernte Selbst

Mein Glück verdanke ich weder besonderen Umständen noch einer höheren Gewalt – es war meine eigene Arbeit an mir. Ich wollte endlich wissen, wer Ute ist. Ich wollte mich selbst in die Welt bringen und habe es geschafft. Wenn ich vom wahren und vom erlernten Selbst erzählen will, muss ich etwas weiter ausholen und mit mir selbst anfangen.

Das wahre Selbst bringe ich mit dem Ausdruck „wahrhaftig" in Verbindung. Darunter verstehe ich das Unveränderliche, das Authentische und Unbeugsame. Meine Herkunft ist wie bei jedem anderen Menschen auch der Schlüssel zu meinen persönlichen Konflikten. Dort finde ich den Ursprung meines wahren und meines erlernten Selbst. Um mein wahres Selbst wiederzufinden, habe ich mich viel damit beschäftigt, wo ich herkomme und wer meine Eltern waren. Die Biografie der eigenen Eltern kann sehr aufschlussreich sein. Unsere Eltern vererben uns nicht nur körperliche Merkmale wie die Blutgruppe oder die Haar- und Augenfarbe, sondern auch bestimmte Eigenarten.

So können leider auch Konflikte von Generation zu Generation weitergegeben werden. Meine Eltern leben beide nicht mehr. An meiner Mutter habe ich geschätzt, dass sie für mich da war und ich mit ihr über alles offen reden konnte. Im Grunde war sie ein toleranter Mensch und konnte sehr liebevoll sein. Gleichzeitig war sie aber sehr unglücklich, weil sie schon sehr früh einen Weg eingeschlagen hatte, der nicht zu ihr passte: Bereits mit 16 Jahren lernte sie meinen Vater kennen. Er war zwölf Jahre älter als sie; trotzdem ließen sich die beiden keine Zeit, einander richtig kennenzulernen, sondern heirateten überstürzt. Da meine Mutter zu diesem Zeitpunkt erst siebzehn Jahre alt war, brauchte sie dafür das Einverständnis meiner Großeltern. Meine Großmutter stimmte zu, doch mein Großvater hatte Vorbehalte. Leider kann ich im Rückblick nur sagen: Diese Vorbehalte waren berechtigt.

Mein Vater behandelte meine Mutter von Anfang an nicht gut. In der Zeit, in der andere junge Frauen aufregende Erfahrungen machen und das Leben kennenlernen durften, steckte meine Mutter in einer unglücklichen Ehe fest. Nicht nur ihr Ehemann, sondern auch ihre Schwiegermutter drangsalierten sie. Im Grunde war sie völlig entmündigt und durfte nicht einmal kleine Entscheidungen allein treffen. Schließlich wurde sie mit zwanzig Jahren schwanger. Mein Vater führte damals als gelernter Friseur einen Salon. Und obwohl meine Mutter während der Schwangerschaft unter extremer Übelkeit litt und eigentlich nicht lange stehen sollte, zwang er sie, bis zu meiner Geburt im Salon mitzuarbeiten. Natürlich gingen diese Erfahrungen nicht spurlos an ihr vorbei. Die einengende Obhut der Familie stahl ihr die besten Jahre ihres Lebens und ließ sie verbittert zurück. Diese Verbitterung brachte unschöne Seiten an ihr hervor: Mit sich selbst ging sie sehr harsch um. Manchmal trug sie ihre Frustration auch nach außen und ließ sie an meiner Schwester und mir aus. Dann konnte sie uns nicht die Fürsorge entgegenbringen, die wir gebraucht hätten. Später in ihrem Leben litt sie unter schweren Problemen aufgrund von Gallensteinen – jahrelange unterdrückte Wut hinterlässt auch im menschlichen Körper Spuren.

Mein Vater hatte keinen guten Bezug zu Frauen, darunter litten sowohl meine Mutter als auch meine Schwester und ich. Stets fehlte es an Respekt und Achtung. Mein Vater war der Chef und bestimmte unser Leben. Gleichzeitig hatte er sehr starke Existenzängste. Finanzielle Sicherheit war ihm das Wichtigste. Nachdem er seinen Friseursalon geschlossen hatte, eröffnete er eine kleine Spedition, die jedoch mit den großen Firmen nicht konkurrieren konnte, was extremen Druck auf ihn ausübte. Ich bin davon überzeugt, dass meine beiden Eltern ihren Ruf nicht gelebt haben. Die gesundheitlichen Folgen waren verheerend: Mein Vater verstarb mit 57 Jahren an 4 Herzinfarkten innerhalb eines Tages. Doch anstatt ein neues Leben zu beginnen, übernahm meine Mutter die Spedition meines Vaters. Dabei hatte er zu Lebzeiten 200.000 Mark Schulden angehäuft! Sie verwendete all ihre Kraft, um schuldenfrei zu werden. Kaum hatte sie das geschafft, starb sie mit 68 Jahren an Krebs.

In ihren letzten Jahren fragte ich sie einmal, welchen Beruf sie von sich aus am liebsten ergriffen hätte. „Journalistin", antwortete sie und ich war völlig überrascht von dieser Antwort. Doch eigentlich passte es zu ihr. Meine Mutter war ein Freigeist, aber ihre unkonventionelle, offene Art konnte sie nie ausleben. Für mich entschied ich definitiv, nicht die gleichen Fehler zu machen. Deswegen wollte ich meinen Eltern stets zeigen, was es bedeutet, sich selbst und den eigenen Ruf zu leben. Heute tue ich genau das und bin sehr dankbar dafür.

Früher als Kind war ich der Wunscherfüller meines Vaters. Oft stellte er sich vor, ich könnte irgendwann Ärztin werden, daher trimmte er mich auf Leistung. Schon sehr früh paukte er mit mir das Einmaleins bei sonntäglichen Spaziergängen. Da war ich gerade mal zwei Jahre alt.

Die Freude am Lernen wich der Angst vor Fehlern und vor der Wut und Ungeduld meines Vaters. Sämtliche Neugier erstickte er im Keim. Aber nicht nur meine eigenen Ängste, sondern auch die Ängste meines Vaters standen mir im Weg. Weil er fürchtete, mir könnte etwas zustoßen, durfte ich keine eigenen Erfahrungen machen, und sei es nur etwas Harmloses wie auf Bäume zu klettern oder im Garten zu spielen. Er war mein zweiter Schatten. Diese Angst belastete auch meine Schulzeit. Meine Noten waren gerade mal ausreichend. Zwei Mal blieb ich sitzen: einmal in der Fünften, später in der Neunten. 1981 ging ich ins Abitur; mit zwanzig Jahren war ich die Klassenomi. Ich hatte Fieber, als ich die Prüfung ablegte, und schaffte es daher nicht. Danach hatte ich keine Lust mehr, weiterzumachen. Doch dann tat mein Vater völlig überraschend das Richtige und fragte mich: „Was willst du jetzt machen?"

Ich wusste, dass ich mit der Seele der Menschen arbeiten wollte. Ursprünglich dachte ich daran, Psychologie zu studieren, was natürlich mit gescheitertem Abitur nicht möglich war. Auch eine Arbeit im sozialen Bereich hätte ich mir gut vorstellen können, da ich Menschen helfen wollte. Aber ich glaube auch, dass durch meine Erfahrungen in der Schule ein Studium für mich nichts gewesen wäre. Als Studentin wäre ich bestimmt nicht mit dem Lernstoff zurechtgekommen. Mein Vater nahm mir diese Entscheidung schnell ab: Er zog los und suchte die erste Heilpraktikerschule heraus, die es zum damaligen Zeitpunkt gab. Die dreijährige Ausbildung war der Beginn meiner beruflichen Laufbahn. Sie kostete 15.000 Mark, für mich eine Menge Geld. Mein Vater erklärte sich bereit, mir die Ausbildung zu bezahlen, wofür ich sehr dankbar war. Die Heilpraktikerausbildung war die schönste Zeit meines Lebens. Erstmals hatte ich etwas für mich entdeckt und lernte mit vollem Elan.

Auf meinem Praxisschild steht „Heilpraktikerin". Diesen Titel erhielt ich mit fünfundzwanzig Jahren. Später habe ich mich vor allem an der Seele der Menschen orientiert. Durch meine Zeit bei Dr. Udo Derbolowsky und Werner Meinhold wandte ich mich der Bewusstseinsarbeit zu und praktiziere diese bis heute. Ich bin Coach und arbeite vor allem psychotherapeutisch. Meine Arbeit liegt hauptsächlich in der Bewusstseinsschulung.

Durch Gesprächstherapie, Hypnose und Aufstellungsarbeit bringe ich Menschen dazu, auf ihr eigenes Leben zu schauen und die Verbindung zu sich selbst herzustellen: Was hat das alles jetzt mit mir zu tun? Warum habe ich diese Themen eigentlich? Fragen über Fragen. Häufig wird mir dann entgegnet: „Sie sind doch die Therapeutin, machen Sie mal!", aber an dieser Stelle muss ich stets widersprechen: „Ich mache hier gar nichts, denn wir sind ein Team. Ich brauche erst einmal Sie, damit wir da auch erfolgreich sind." Ohne das Engagement des Klienten komme ich nirgendwohin. Was ich anbiete, sind Hilfspakete – diese aufmachen und damit arbeiten muss jeder Klient selbst. Meine Rolle ist die der Begleiterin und Unterstützerin, was ich auch stets klar kommuniziere.

In einer Therapie gelangt man an Widerstände, sobald etwas aufgearbeitet wird. An sich ist das normal, doch müssen Therapeut und Klient zusammenarbeiten, um diese Widerstände zu überwinden. Wenn der Klient aber in einer Opferrolle verharrt und versucht, den Therapeuten zu instrumentalisieren und Bestätigung in dieser Rolle zu bekommen, kann das nicht funktionieren. Ich zeige meinen Klienten auf, dass sie eine Opferrolle einnehmen, und ermutige sie, die Verantwortung für sich selbst zu übernehmen. Der Weg aus der Hilflosigkeit bedeutet Verantwortung. Keine Passivität mehr, stattdessen stetige Arbeit an sich selbst. Meine Klienten befinden sich oft in einem Dilemma und haben das Gefühl, ihre Situation sei völlig verfahren. Dann biete ich verschiedene Betrachtungswinkel für diese Situation an. Ich erkläre das gerne so: Scheuklappen lassen einen unbewusst nur in die eine Richtung schauen. Aber Scheuklappen lassen sich eben auch wegklappen. Nichts ist statisch, wenn man daran arbeiten möchte. Sobald meine Klienten sich bewusst werden, dass es auch noch andere Perspektiven gibt, werden sie immer offener und freier. Die meisten Menschen, die zu mir kommen, sind bereit zu kooperieren.

Wenn ich aber merke, ein Klient verweigert die Therapiehausaufgaben, die ich anbiete, vertrödelt Termine oder zahlt nicht zuverlässig, deutet das auf Widerstände hin. Dann sind wir an einem wichtigen Punkt angelangt: an dem Punkt, ab dem es wehtut. Fasst der Klient Mut, kann man diesen Widerstand überwinden. Fehlt jedoch der Wille, kann ich das nicht ändern. Dann ist es meine Aufgabe, rechtzeitig zu sagen: „Ich glaube, unser gemeinsamer Weg hört hier auf." Die Klienten, die sich einer Therapie verweigern, sind in der Minderheit. Dennoch ist es wichtig, für diesen Fall vorbereitet zu sein. Therapie kann man nicht erzwingen, dieser Grundsatz gilt immer. Es gibt viele Gründe, warum manchen Menschen der Mut fehlt. Vielleicht ist es die Angst: Was könnte da auftauchen? Kommt mein Umfeld mit Veränderung zurecht? Kann ich die Verantwortung für mich selbst übernehmen?

Schwierig wird es auch, wenn der Klient nicht aus freien Stücken zu mir kommt. In der Mehrzahl der Fälle hat dann das Umfeld diesen Menschen dazu überredet. Doch wenn der grundlegende Wille nicht da ist, reicht das als Motivation nicht aus. Den Unterschied merke ich bereits beim ersten

Kennenlernen. Ich habe es auch schon erlebt, dass Klienten Sitzungen mit mir sabotiert haben, um im Nachhinein sagen zu können: „Siehst du, das hat auch nicht geklappt. Ich habe doch alles gemacht. Offenbar kann man mir nicht helfen." Diese Menschen sind nicht auf Lösungen, sondern nur auf Bestätigung aus. Und die kann und will ich nicht geben. Wenn jemand von selbst auf mich gekommen ist, funktioniert die Kommunikation in der Regel gut. Wobei ich feststelle, dass manche Menschen, wenn schon nicht für sich selbst, so wenigstens zum Wohl ihrer Kinder bereit sind, es mit einer Therapie zu versuchen. Allerdings ist das auch eine andere Situation: Kinder sind nicht in der Lage, eigenständig für ihre psychische Gesundheit zu sorgen. Das Handeln der Eltern ist da entscheidend.

Wer an sich arbeitet, fragt sich an einem gewissen Punkt: „Welche Ziele sind meine? Und welche geben mir andere Menschen und die Gesellschaft vor?" Wichtig ist dabei der Unterschied zwischen Haben und Sein. Das Haben bezieht sich auf Dinge, die man sich holen kann: materielle Güter wie ein Haus, ein Auto oder das neuste Smartphone. Problematisch wird es, wenn Personen ihren Besitzanspruch auf Mitmenschen ausdehnen: meine Frau, mein Mann, mein Kind. Wir sagen gerne „mein", weil wir uns damit identifizieren. Dabei können wir keine anderen Menschen besitzen, und das ist auch gut so. Das Gegenstück ist das Sein. Es ist der Bezug zu den Dingen, die man mitnimmt, wenn man von der Welt geht. Beim Abschied bleiben nur noch das eigene Sein und die Essenz, die unvergänglich ist. Es ist nicht falsch, sich auf Erden an materiellen Gütern zu erfreuen, solange man ihre Vergänglichkeit nicht aus den Augen verliert. Unseren Selbstwert sollten wir jedoch nicht an Dingen festmachen, weil wir dann unseren eigenen Kern – unser wahres Wesen – gerne einmal vergessen.

Meistens entsteht dieser Drang aus der Kindheitsgeschichte heraus und geht zurück auf ein emotionales Defizit. Bereits in der pränatalen Phase kann ein Kind die Erfahrung machen, nicht angenommen zu werden, wie es ist. In der symbiotischen Verbindung zwischen Mutter und Kind spürt das Kind sämtliche Gefühle der Mutter. Geht es der Mutter nicht gut, geht es dem Kind nicht gut.5[5] Der werdende Mensch übernimmt zunächst die Gefühlswelt der Mutter. So kann beispielsweise eine Mutter, die eigentlich einen Jungen bekommen wollte und mit einem Mädchen schwanger ist, die Frustration über den nicht erfüllten Wunsch noch auf das ungeborene Kind übertragen. Manche Eltern gehen sogar so weit, dass sie nach der Geburt das Kind nach ihrem Wunschgeschlecht kleiden und behandeln. Auf diese frühe Phase folgen alle weiteren Entwicklungsphasen des Kindes und schließlich die Pubertät mit der dazugehörigen Individuationsphase. Dann ist die Abgrenzung von den anderen wichtig. Erstmals möchte man anders sein als die Eltern und kämpft darum, sich selbst entfalten zu dürfen.

Auch die Umwelt und die Erziehungsmodelle der Eltern spielen beim Aufwachsen eine Rolle. Zunächst machen Kinder alles nach, was Eltern ihnen vorleben. Allen Eltern möchte ich den Rat mit auf den Weg geben, ihrem Kind nicht die eigenen Werte überzustülpen. Ein Kind ist kein Objekt! Ein Kind ist ein Subjekt und entwickelt eine eigene Sicht auf die Dinge. Die meisten Eltern objektifizieren ihr Kind, weil sie selbst nichts anderes in ihrer Jugend erfahren haben. Allein schon die Aussage „Ich habe ein Kind“ ist problematisch. Diese würde ich gerne folgendermaßen korrigieren: „Mein Kind ist ein Geschenk und

5 Weiterführende Literatur: Ruppert, Franz: Frühes Trauma – Schwangerschaft, Geburt und erste Lebensjahre, Stuttgart 2014.

es ist ein individuelles Wesen mit ganz eigenen Fähigkeiten. Ich möchte es gerne kennenlernen."

Frieden zu finden bedeutet, das eigene Leben anzunehmen und die Verantwortung für sich zu tragen. Und auf einmal ist man kein Ankläger, kein Opfer mehr. Deswegen unterscheide ich stets zwischen dem wahren Selbst und dem erlernten Selbst. Sobald ein Kind Erziehungsprogramme erfährt und die Andersartigkeit bei den Eltern nicht ankommt, beginnt es, das wahre Selbst zu verdrängen. Es entsteht eine Überlebensstrategie, ein Modell: das erlernte Selbst. Zwar ist diese Form des Selbst nicht authentisch, aber wir erleben es so, weil wir uns an diese tiefste Bewusstseinsebene nicht mehr erinnern. Wie ich in meiner Hypnoseausbildung lernte, verbringen wir Menschen die ersten Jahre unseres Lebens im Grunde in einer tiefen Hypnose. Bewusstseinsschübe finden dann statt, wenn ein Kind zum ersten Mal „ich" sagt.

Meinen Klienten erkläre ich es immer so: Unser Selbsterhaltungsprogramm ist ein roter Faden. Jeder hat ihn. Wie eine DNS-Struktur zieht er sich durch uns und unser Leben. Darum gewickelt sind unsere Lebenserfahrungen. In einem Erstgespräch erkenne ich den roten Faden und im Laufe der Hypnosetherapie hangeln wir uns an diesem Faden entlang zurück. Die einzelnen Lebenssituationen werden bewusst angeschaut, Konflikte bzw. Knoten werden rückwirkend aufgelöst. Machen wir uns dieses System nicht bewusst, läuft es eigenmächtig durch bis zum Lebensende. Letztendlich ist es ein kindliches Überlebenssystem. Wer es nicht bearbeitet, wird nie ganz erwachsen. Es ist an uns, Dinge aufzulösen oder sogar neu auszurichten. Was steckt hinter einem „Nein"? Wie sind die Blockaden entstanden? Was durfte nicht gelebt werden?

Ohne Fürsorge und emotionale Zuwendung ist ein Kind nicht überlebensfähig. Aus diesem Grund läuft von Kindheit an das Überlebensprogramm. Nicht angenommen zu werden ist für ein Kind lebensbedrohlich und führt zu existenziellem Schmerz. Das Überlebensprogramm ist ein Selbstläufer, damit wir diesen Schmerz nicht fühlen müssen. Es hat auch Vorteile: So schaffen wir es, eine schwierige Kindheit zu überstehen. Der Nachteil ist: Ein Überlebensprogramm reicht nicht aus, um wahrhaftig zu leben. Wer den Weg zur eigenen Existenz finden möchte, muss sich diesem Schmerz zumindest einmal stellen.

Dafür gibt es eine wunderschöne Übung: Zwei Menschen setzen sich einfach gegenüber und schauen einander eine längere Zeit in die Augen. Zur Unterstützung ist ein Therapeut dabei. Diese Methode nennt man „Joining". Hält man das Joining länger als ein paar Minuten oder gar ein oder zwei Stunden durch, erfährt man sich selbst in seinen psychischen Prozessen. Ich selbst habe das auch schon versucht und ich habe dabei durch meine eigenen Masken und die Masken des anderen hindurchgeschaut. Um den anderen zu erkennen, muss man erst durch sich selbst gehen, durch die eigenen Abwehrmechanismen. Letztendlich bedeutet Therapie, die Menschen zu sich selbst zu bringen. So als würde man Zwiebelschalen abtragen, schält man Masken immer weiter ab, bis schließlich die Essenz, das wahre Wesen, zum Vorschein kommt. Und auf einmal erlebt man die ganze Palette an Empfindungen auf elementarster Ebene: Liebe, Glück, aber auch Schmerz, Trauer und Wut.

Meine Botschaft an alle Menschen ist: Es lohnt sich, auch in den Schatten, in den Hades abzutauchen. Ich selbst habe diesen Prozess erlebt. Das kostet Kraft und Zeit; teilweise war ich ein halbes Jahr damit beschäftigt, bis ich wieder in die Außenwelt kommen konnte. Aber das war es wert, denn ich fühlte mich stärker! So wurde ich auch zur Anlaufstelle für andere Menschen. All meine Erfahrungen konnten mich nicht kleinkriegen, denn mir ist ein großer Schatz geblieben: die Liebe. Niemals habe ich aufgehört zu lieben, auch meine Eltern nicht. Durch die Arbeit an mir selbst konnte ich zudem meine Stärken und Schwächen ausmachen: Ich bin sehr analytisch und empathisch, verfüge also über viele Spiegelneuronen, wie es so schön heißt. Manche Menschen eignen sich das Leid der anderen an, doch ich kann die nötige Distanz halten. Auch in Konfliktsituationen hilft mir meine analytische Seite: Schon im Streit kann ich schnell verzeihen und hinter die Masken schauen.

Früher war eine meiner Schwächen mein Temperament. Manchmal bekam ich Wutausbrüche und stampfte so hart auf dem Boden auf, dass der Teppich ein Loch bekam. Aber diese Wutanfälle verschwanden, sobald ich an mir selbst arbeitete. Womit ich heute manchmal noch zu kämpfen habe, ist mein Selbstwert. Immer wieder gibt es Momente, in denen ich mich frage, ob ich denn wirklich gut genug bin. Allerdings weiß ich, dass es ein Verhaltensmuster ist, und kann mir dabei selbst helfen.

Das innere Kind

Das innere Kind beinhaltet unsere gesamte Palette des Fühlens. Im Grunde ist es ein Kaleidoskop elementarster Emotionen: unsere Lebensfreude, unsere Kreativität, unsere Neugier, unsere Intuition, aber auch unsere Ängste, unsere Wut und unsere Trauer. Ganz gleich, wie stark unser Körper altert oder welches Geschlecht wir haben: Die kindlichen Empfindungen werden uns immer begleiten. Für ein gesundes und ausgeglichenes Leben müssen wir einen guten Kontakt zu ihnen entdecken.

Für mich selbst war das sehr schwierig. Ich kam in Frankfurt auf die Welt. Zum Zeitpunkt meiner Geburt war die Existenz meiner Eltern sowohl emotional als auch finanziell sehr unsicher. Da sie in einer mit Schimmel verseuchten Wohnung lebten, gaben sie mich acht Wochen nach der Geburt zu meiner Omi ins 200 km weit entfernte Ansbach in Mittelfranken. Ich blieb dort, bis ich fünf Monate alt war. Heute glaube ich, dass meine beiden Eltern mich unterbewusst beschützen wollten – nicht etwa vor verseuchter Luft, sondern vor der eigenen instabilen Beziehung und den gewalttätigen Neigungen meines Vaters. Als ich schließlich wieder zu Hause ankam, schickte mein Vater meine Mutter tagsüber in die Fabrik zum Arbeiten und übernahm in den ersten zwei Lebensjahren allein meine Erziehung. In dieser Zeit missbrauchte er mich in jeder Hinsicht. Den frühkindlichen sexuellen Missbrauch durch meinen Vater verdrängte ich viele Jahre lang. Als Kind und als Erwachsene hatte ich körperliche Symptome, die ich natürlich nicht zuordnen konnte. Ständig hatte ich das Gefühl, etwas Hartes und zugleich Weiches in den Händen zu halten. Rückblickend ist mir klar: Es war eine frühkindliche Erinnerung an den Penis meines Vaters. Er ließ erst von mir ab, als ich ungefähr zwei Jahre alt war und anfing zu sprechen. In meiner Analyse bei Werner Meinhold erkannte ich, was geschehen war, und arbeitete diese Erfahrung auf. Mit der psychischen Bearbeitung verschwanden auch die körperlichen Symptome.

Wie ich in meiner Hypnoseausbildung bei Werner Meinhold erfuhr, befinden wir Menschen uns von der pränatalen Zeit bis zum dritten, vierten, fünften, sechsten Lebensjahr in einer sehr tiefen Hypnose. Dennoch verschwinden die Erfahrungen aus dieser Zeit nicht – im Gegenteil. Man kann es sich so vorstellen, dass unser Unterbewusstsein sie mittels Schlüssel-Schloss-Prinzip sorgfältig verwahrt. Die Hypnose ist der Schlüssel zu unseren Erinnerungen und damit auch der Schlüssel, unsere Herkunft zu begreifen. In Hypnosesitzungen bei Werner Meinhold habe ich meine eigene pränatale Zeit, meine Geburt und die ersten Lebensjahre noch einmal durchlebt. Danach sprach ich mit meiner Mutter über die Bilder meiner Geburt. Unsere Erinnerungen passten perfekt zusammen. Ich konnte ihr sogar meine ersten Eindrücke beschreiben, die ich von der Außenwelt hatte, darunter auch ein Männergesicht mit Brille und Bart. Sie sagte zu mir: „Das war der Geburtshelfer." – „Das ist ja ein Ding", erwiderte ich erstaunt.

Meine Mutter war eine sehr offene, warmherzige Frau. So traute ich mich, offen mit ihr über den Missbrauch zu sprechen, den ich durch meinen Vater erlebt und in der Hypnose therapeutisch aufgearbeitet hatte. Trotz ihres Entsetzens hörte sie mir aufmerksam und verständnisvoll zu. Sie versicherte mir, sie habe nie etwas davon bemerkt. Ich wiederum glaube, dass es ihr Überlebensinstinkt war, der sie es damals nicht merken ließ. Mein Vater war ein sehr gefährlicher Mann. Tatsächlich bin ich überzeugt, dass es ihr Ende bedeutet hätte, seine pädophilen Neigungen anzusprechen.

Nach seinem Tod damals hatten wir zu Hause in einer Schublade eine Broschüre über Waffen gefunden. Vielleicht konnte ich mir das Ausmaß dessen, wozu mein Vater fähig war, gar nicht ausmalen. Als er starb, waren wir alle sehr aufgewühlt. Dennoch läuft es mir eiskalt den Rücken hinunter, wenn ich mir vorstelle, was vielleicht hätte geschehen können, wenn er geblieben wäre. Mit dem, was ich heute weiß, hätte ich meinen Vater gerne einmal zur Rede gestellt. Aber er starb vorher und musste sich vor mir nicht mehr verantworten.

Als Schulkind litt ich unter extremen Angstzuständen. In meinem Zuhause fühlte ich mich nicht sicher: Dem Jähzorn meines Vaters konnte ich nicht entkommen. Schon wenn ich morgens aufstand, begleitete er mich zur Schule und paukte den Stoff mit mir. Bevor der Unterricht losging, war ich bereits fix und fertig. Zum Glück war meine damalige Klassenlehrerin sehr verständnisvoll. Sie beruhigte mich, wenn ich Angst hatte und weinte. Irgendwann bestellte sie meine Eltern zum Gespräch und drohte, Anzeige zu erstatten, falls das nicht aufhören sollte. Ich war froh, dass manche Lehrerinnen versuchten, mir eine Sicherheit zu bieten, die ich von meinem Elternhaus nicht kannte. Schnell war es kein Geheimnis mehr, dass mein Vater zu Gewaltausbrüchen neigte. Wenn er betrunken war, schlug er meine Mutter. Mehrmals mussten wir die Polizei rufen.

Was hatte ich Angst um meine Mutter! Schon als kleines Mädchen versuchte ich, sie zu beschützen. Die Gewissheit, dass es Dinge gab, vor denen ich sie dennoch nicht bewahren konnte, machte mich krank. Ich litt unter Panikattacken und hatte Knickfüße. Das waren eindeutig psychosomatische Erscheinungen – in diesen frühen Jahren war ich einem emotionalen Druck ausgesetzt, dem ein Mensch kaum standhalten kann, geschweige denn ein kleines Kind.

Anfangs ging ich gerne zur Schule. Ich war die Kleinste in der Klasse, sehr verträumt und schüchtern. Heute noch werde ich oft jünger geschätzt, als ich tatsächlich bin. Auch wenn ich es in der Schule genoss, neue Erfahrungen zu machen, standen mir meine Traumata im Weg. Ich hatte Angst, aufzufallen, und sprach wenig. Oft war ich mit meinen Gedanken woanders und hatte Schwierigkeiten, mich zu konzentrieren. Außerdem fiel es mir schwer, zu den anderen Kindern eine Verbindung zu finden. Ich schämte mich dafür, eine schlechte Schülerin zu sein, und hatte Angst, abgelehnt zu werden. Mein Vater stiftete in der Kindergartenzeit mehrere Turngeräte für den Hof und gab nach außen hin den engagierten Vater. Vielleicht wollte er sich damit auch von seinen Taten reinwaschen.

Es war seltsam, wie überfürsorglich mein Vater sein konnte. Ich erinnere mich daran, dass ich einmal bei einer Schulfreundin, Alexandra, zu Besuch war. Ihre Eltern bauten damals gerade ihr Haus fertig, und wir beide tollten durch das Gebäude. Als wir nach draußen rannten, übersah ich eine Doppelglastür und prallte gegen das Glas. Ich flog durch die Luft und trug mehrere Schnittverletzungen sowie eine Beule am Kopf davon. Ich wollte jedoch auf keinen Fall heim, daher verarzteten mich Alexandras Eltern notdürftig und brachten mich erst abends nach Hause.

Mein Vater war entsetzt, als er mich sah, und rief aus: „Ach Gott, mein liebes Kind! Ach, du lieber Gott! Wir müssen gleich ins Krankenhaus." Als wir aus dem Spital kamen, war ich ganz verweint. Mein Vater hielt mich fest und tröstete mich. In diesem Moment fühlte ich mich gut aufgehoben. Es gab auch noch andere Situationen, in denen er so fürsorglich sein konnte. Wenn ich Schutz bei ihm suchte, etwa weil die Jungen an der Schule mich geärgert hatten, war er da. Das sind die positiven Erinnerungen, die ich an ihn habe. Natürlich ändert es nichts an seinen früheren Taten. Ich erzähle diese Geschichte dennoch. Manchmal ist es umso schmerzhafter, zu erkennen, was für ein Mensch jemand ist, wenn da nicht nur negative, sondern auch positive Gefühle sind. In unserer Kindheit können wir unsere Eltern lieben und gleichzeitig fürchten. Das Nebeneinander dieser Gefühle ist es oft, was eine Kindheit so schwer wiegen lässt. Jahre später, in meiner Praxis, begegnete mir diese Ambivalenz immer wieder. Ich lernte, dass es noch heftigere Schicksale gab als mein eigenes. Seitdem ist es eine meiner Aufgaben, die negative Energie in eine positive umzuwandeln.

Schmerzhaft im Gedächtnis ist mir auch der Verlust meiner ersten großen Freundschaft geblieben. Ihr Name war Uli und wir lernten uns in der Grundschule kennen. Wir besuchten nicht dieselbe Klasse, doch sie wohnte nur zwei Ecken von mir entfernt. Wir waren ein Herz und eine Seele. Sie war mein Kamerad, meine Freundin, und ich vertraute ihr. Eines Tages war sie einfach verschwunden. Ich dachte: „Jetzt hat sie mich auch verlassen."

Es dauerte ziemlich lange, bis ich mich traute, meine Eltern nach ihr zu fragen. Dann erfuhr ich, dass Ulis Eltern mit ihr weggezogen waren.

Anstatt dass meine Eltern den Kontakt zu Ulis Familie aufrechthielten, ließen sie es zu, dass meine Freundin von einer Sekunde auf die andere einfach aus meinem Leben verschwand. Hinzu kam, dass ich trotz unseres innigen Verhältnisses nichts über ihre Familie wusste. Nicht einmal ihren Nachnamen kannte ich. So konnte ich nie erfahren, was aus ihr wurde. Falls wir uns je wiedersehen sollten, würde ich mich sehr freuen. Andere Freundschaften aus der Schule haben jedoch bis heute gehalten, was mich oft tief rührt.

Manchmal veranstalte ich in meiner Praxis Meditationsworkshops mit Klienten, damit sie ihr inneres Kind kennenlernen können. Dann tauchen lange verschollene Kindheitserinnerungen wieder auf. Ich stelle viele Fragen wie „Was hat dir wehgetan?“ oder „Was waren die schweren Momente?“, aber auch „Was hat dich glücklich gemacht?“ und „Wann hast du dich geliebt gefühlt?“.

Ich erkläre die Wurzeln unserer Existenz immer gerne mit einem bildlichen Vergleich: Wenn man einen Baum aufschneidet, hat er einen Stamm. Um diesen Stamm herum bilden sich Lebensringe. Der Baumstamm ist unsere Kindheit. Erst mit dem Erwachsenenalter bilden sich die Lebensringe. Je nachdem, wie die eigene Kindheit war, sieht der Stamm unterschiedlich aus. Wenn die Kindheit einen eher umgepustet hat, ist auch der Stamm nur schwach und kann den Baum im Erwachsenenalter kaum tragen. War die Kindheit stabil und behütet, wächst aus den widerstandsfähigen Wurzeln ein kräftiger Stamm, der sich zu einem gesunden Baum entwickelt. Zum Glück ist dieser Zustand nicht final. Auch wenn die eigene Kindheit eher schwierig war, kann man an seinem inneren Kind arbeiten. Und auch viele Jahre später kann immer noch ein gesunder, starker Baumstamm entstehen. Bei der Arbeit am inneren Kind kann man sich leider nicht die Rosinen herauspicken. Natürlich verstehe ich den Reiz darin, nur in den schönen Erinnerungen zu blättern wie in einem Familienalbum. Aber das wird nicht funktionieren. Man muss sich dem Schmerz stellen, um dem inneren Kind Stabilität zu geben. Deswegen frage ich in solchen Sitzungen meistens: „Was taucht da auf? Wann hattest du das Gefühl, von Mama oder Papa schlecht behandelt zu werden? Was hat das mit dir gemacht?“

Damals in der Kindheit konnten wir uns noch nicht selbst trösten, uns selbst in den Arm nehmen. Heute können wir jedoch genau das. Wir können uns heute selbst guter Freund, gute Freundin, guter Vater und gute Mutter sein. Mit dem Bewusstsein eines erwachsenen Menschen wissen wir, dass Ablehnung in der Kindheit nicht das Ende bedeutet. Wir haben die Sicherheit, es geschafft zu haben und trotz allem, was passiert ist, im Leben zu stehen. Deswegen können wir auch zu unserem inneren Kind sagen: „Es wird alles gut“, und es auch so meinen. Um das größtmögliche Missverständnis aufzuklären: Therapien richten nicht den Fokus auf das Negative. Es geht nicht darum, in schlimmen Erfahrungen und Zweifeln zu baden, im Gegenteil. Stattdessen kommt man in Verbindung mit sich selbst und akzeptiert das Geschehene, um die Zukunft selbst gestalten zu können. Der Grundgedanke ist, dass jeder die Chance auf ein friedliches Leben hat, selbst wenn in der Vergangenheit nicht alles perfekt war. Und ich glaube, eine positivere Motivation kann es gar nicht geben.

Jedenfalls kann ich jedem Menschen nur ans Herz legen, sich einmal im Leben mit dem inneren Kind auseinanderzusetzen. Vor allem rate ich dazu, an sich selbst zu arbeiten, bevor man eine Familie gründet. Auch in meiner eigenen Familie kann ich das beobachten: Mein Sohn ist inzwischen selbst Vater einer Tochter. An ihm und meiner Enkelin erkenne ich Verhaltensmuster wieder, Dinge, die ich damals in seiner Erziehung gut oder schlecht gemacht habe. Niemand ist perfekt – im Rückblick würde ich als Mutter ebenfalls vieles anders machen. Zum Glück sind Marcel und ich tief miteinander verbunden und haben ein sehr ehrliches Verhältnis. So lässt er mich viel teilhaben an der Erziehung meiner Enkelin und an dem, was das mit ihm und meiner Schwiegertochter macht. Als Marcel zum ersten Mal unsere Kleine in den Kindergarten brachte, war das für ihn ein Schlüsselerlebnis. Als er sich schließlich verabschiedete, herauskam und sich ins Auto setzte, brach er in Tränen aus und wusste nicht, woher diese heftigen Emotionen auf einmal kamen. Sofort rief er mich an. Ich riet ihm, in sich hineinzufühlen und sich zu fragen, was das mit ihm selbst zu tun hatte: „Was gehört zu dir und was gehört zu deinem Kind? Die Bewusstheit liegt darin, das unterscheiden zu können. Ist dein Kind wirklich in einer Notlage? Oder weißt nur du gerade nicht, wohin mit all diesen Gefühlen? Du kannst dein Kind nicht vor allem beschützen, es muss eigene Erfahrungen machen."

Schließlich sagte mein Sohn, er habe das Gefühl, seiner Tochter Unrecht zu tun, wenn er sie in der Fremdbetreuung lasse. „Aber ist das etwas elementar Schlimmes oder ist das nur normales Austesten von Grenzen?", fragte ich vorsichtig. Das Lustprinzip in einem Kind verlangt natürlich danach, lieber bei Mama und Papa zu bleiben. Dennoch ist es für die kindliche Erfahrungswelt auch ein Gewinn, andere Menschen und eine neue Umgebung kennenzulernen. Schließlich weinte mein Sohn noch mehr und erzählte mir:

„Weißt du, ich kann mich daran erinnern, als ich in der vierten Klasse war und das erste Mal mit auf Klassenfahrt musste. Das war die erste richtige Trennung von dir. Da ging es mir gar nicht gut und ich wollte unbedingt nach Hause.“ Ich seufzte am anderen Ende und dachte daran, dass diese Trennungssituation für Marcel damals erst den Beginn bedeutete. Meinen ersten Mann, Marcels Vater, verließ ich, als er viereinhalb Jahre alt war. Die Umstände waren das, was sie eben waren, es war mir nicht möglich, an dieser Beziehung festzuhalten. Aber für mein Kind war das ein Verlust. Seine heftige Reaktion war nichts anderes als eine Übertragung dieser Verlustängste auf sein eigenes Kind. Da sagte ich zu ihm:

„Siehst du, Marcel, du hast dir doch die Antwort selbst gegeben. Es waren deine eigenen Gefühle, die du noch einmal durchlebt hast. Deine Tochter wird andere Erfahrungen machen als du.“ Marcel erwiderte: „Danke, Mam. Ja, ich glaube auch, das ist es.“

Beziehungswelten

Als ich damals meine Ausbildung zur Hypnosetherapeutin bei Werner Meinhold machte, fragte ich ihn aus dem Bauch heraus:

„Sag mal, Werner, kannst du mir mal einen Mann liefern, der keine Angst vor mir hat?" Meine Frage amüsierte ihn, er lachte laut.

Meine Fähigkeit, durch die Masken anderer Menschen zu schauen, hat auch Nachteile. Manche Männer fühlten sich durch mich verunsichert. Heute noch erzählt mir mein Mann davon, wie manche Kollegen ihn fragen: „Wie ist es denn mit deiner Therapeutin da? Hast du denn nicht Angst? Ist das nicht komisch?" Mein Mann kann über solche Fragen zwar nur lachen, tatsächlich war das in meinem Liebesleben aber viele Jahre ein Thema. Bei unserer ersten Begegnung fragte ich ihn deshalb sogleich: „Hast du Angst vor mir?" Ich wollte das sofort klären. Hätte ich ein Ja als Antwort erhalten – wer weiß, was dann geschehen wäre. Sicher hätten wir einander nicht so gut kennenlernen und eine so liebevolle Beziehung aufbauen können.

Prinzipiell bin und war ich der Liebe gegenüber stets sehr offen. Über Beziehungsthemen lernte ich meine eigenen Konflikte kennen. Nicht nur mir ergeht es so – ich höre das auch oft von Klienten in meiner Praxis. Je mehr ich an mir selbst arbeitete, desto klarer wurde mir: Ich möchte nicht mehr in diesen Machtspielen gefangen sein. Davon hatte ich genug in meinem Leben. Stattdessen möchte ich weitergehen, ich möchte bis nach ganz unten an den tiefsten Grund der Erfahrungen kommen.

Die Reise zu meiner jetzigen Heilungsbeziehung war lang und turbulent. Viele meiner Beziehungen haben jedoch, ob sie nun glücklich oder unglücklich waren, etwas mit mir gemacht: Sie brachten mich auf der Suche nach mir selbst weiter. Meine erste große Liebe habe ich stets in guter Erinnerung behalten. Sogar heute haben wir noch Kontakt. Er heißt Dieter. Wir lernten uns im Jahr 1975 kennen, da war ich 15 Jahre, er 17 Jahre alt. Weil er aus dem 200 km weit entfernten Ansbach kam, waren wir nur acht Monate offiziell ein Paar. Persönlich sahen wir uns nur, wenn ich mit meiner Familie zusammen meine Oma dort besuchte, ansonsten hielten wir über Briefe den Kontakt. Ein-, zwei- oder sogar dreimal pro Woche erhielt ich Post von ihm. Seine Briefe habe ich über die Jahre aufbewahrt; heute noch liegen sie irgendwo in meinem Haus sorgfältig als Päckchen verschnürt. In einem seiner Briefe berichtete er mir von den Konflikten, die er mit seinen Eltern austrug. Daher schlug ich ihm vor, nach Frankfurt zu kommen, zumindest für eine Weile. Während Dieter auf Klassenfahrt war, öffneten seine Eltern diesen Brief und bekamen es wohl mit der Angst zu tun. Vielleicht lag es daran, dass Dieter ein Einzelkind war – doch auf einmal war ich in ihren Augen eine Bedrohung, die es auszumerzen galt. Vor allem seine Mutter beseitigte jegliche Spur von mir: Alle Bilder von mir, die an seiner Wand hingen, warf sie weg und versteckte meine Briefe. Kaum kehrte Dieter von seiner Klassenfahrt zurück, verboten seine Eltern ihm jeglichen Kontakt mit mir. Ein paar Tage später erreichte meine Eltern per Einschreiben eine sehr kühle Aufforderung:

„An Herrn u. Frau Keller!

Möchten Ihnen kurz mitteilen, dass wir die Verbindung zwischen Ihrer Tochter und unserem Sohn nicht wünschen und ihr auch das Haus verbieten. Unser Wunsch ist, dass sich Dieter in Ansbach ein Mädchen sucht, wo er auch seine Arbeitsstelle bekommt, da unser Sohn an Frankfurt sowieso kein Interesse hat. Bitte sagen Sie Ihrer Tochter, dass sie das Briefschreiben an unseren Sohn unterlässt.

Herr Schmidt[6]"

Dieters Eltern hatten nicht nur über seinen, sondern auch über meinen Kopf hinweg gehandelt. Es war erniedrigend, einfach so aus seinem Leben gestrichen zu werden und die Nachricht erst von meinen Eltern zu erhalten. Dieter war gerade siebzehn und von seinen Eltern abhängig, also fügte er sich diesem Urteil. Wir schrieben uns nicht mehr. Erst später sahen wir uns in Ansbach ein paarmal im Haus meines Cousins wieder, doch diese Begegnungen waren kurz und flüchtig. Er hatte wohl Angst vor den Konsequenzen. Irgendwann lernte er die Frau kennen, mit der er heute noch verheiratet ist. Für mich war das ein herber Schlag. Von einem Tag auf den anderen löste sich meine erste große Liebe in nichts auf. Sieben Jahre sollte ich brauchen, um darüber hinwegzukommen.

Nach diesem unschönen Ende meiner ersten Liebe wollte ich mich ablenken. Ich verabredete mich, verwechselte Körperlichkeit mit wahrer Zuneigung und stürzte mich in Beziehungen, die mir nicht guttaten.

---

6 Name geändert

Alle meine Begegnungen aus dieser Zeit waren vom gleichen Muster geprägt: Entweder geriet ich an junge Männer, die mir keinen Respekt entgegenbrachten, oder ich war diejenige, die andere ausnutzte und mit deren Gefühlen spielte. Diese Erfahrungen erschütterten mein Vertrauen in die Männerwelt. Doch dann traf ich zu Beginn meiner Heilpraktikerausbildung Peter. Er war ein liebevoller, ehrlicher Mann. Bei ihm fühlte ich mich sicher und geborgen. Erstmals zog ich aus meinem Elternhaus aus und lebte bei ihm. Er tat alles, um mich glücklich zu machen, und er schenkte mir sein Herz. Wir hätten ein schönes Leben haben können – aber ich war noch nicht so weit. Da ich das Machtmotiv und die Gewalterfahrungen in meinem Leben noch nicht bearbeitet hatte, konnte ich aufrichtige Zuneigung, wie er sie mir entgegenbrachte, nicht genug schätzen. Umgekehrt hatte er Schwierigkeiten, mir Grenzen aufzuzeigen und Nein zu sagen. Nach drei Jahren Beziehung lernte ich einen anderen Mann kennen und verließ ihn. Im Rückblick ist mir klar, dass wir aufgrund meiner und seiner Kernthemen keine gemeinsame Zukunft hatten. Aber ich bereue zutiefst, wie wir uns trennten: Peter lebte mir vor, wie Respekt und Achtung in einer Liebesbeziehung aussehen sollten. Einen solchen Vertrauensbruch hatte er nicht verdient. Wenn ich heute an ihn zurückdenke, empfinde ich vor allem tiefe Dankbarkeit.

Bernd, für den ich Peter verließ, war nicht meine wahre Liebe. Unsere Beziehung war stürmisch und unberechenbar. Er kämpfte viel mit Eifersucht und wollte mich für sich allein. Tief drin wusste ich von Anfang an, dass unsere Verbindung nicht gesund war. Als er mich kennenlernte, war er noch verheiratet. Nach der Trennung hielt seine Ex-Frau ihn von ihrem gemeinsamen Sohn fern. Fünf Jahre lang konnte er sein Kind nicht sehen! Diese Erfahrung ließ ihn verbittert zurück. Als ich gemeinsam mit meinem Freund Herbert aus der Heilpraktikerausbildung eine Praxis eröffnen wollte, verbot er mir das aus Eifersucht. Tatsächlich setzte er mich so sehr unter Druck, dass ich vier Jahre lang nicht als Heilpraktikerin arbeitete und stattdessen eine gut bezahlte Stelle in der Börsenabteilung einer Bank übernahm. Dort behandelte man mich gut – doch ich war ein Fremdkörper in dieser Welt und vermisste meine wahre Bestimmung. Auch mein zweiter Lebenstraum geriet ins Wanken: Bernd sagte mir, er wolle nie mehr heiraten oder Vater werden, während ich mir schon als junge Frau sehnlichst eine Familie wünschte. Als ich schwanger wurde, versagte er mir jede Unterstützung. Im vierten Monat verlor ich das Kind und war mit meiner Trauer völlig allein. Danach stellte ich ihn vor die Wahl: „Entweder wir versuchen es jetzt noch mal richtig – oder wir trennen uns."

Also heirateten wir und bekamen unseren Sohn Marcel, doch unsere Beziehung stand auf wackligen Füßen. Je mehr ich über mich lernte, desto deutlicher wurde mir bewusst, dass Bernd und ich eine Elternhausbeziehung lebten. Viele Muster aus meiner Kindheit hatte ich auf ihn übertragen und konnte mich so unmöglich weiterentwickeln. Deswegen musste ich mich trennen. Leicht war das nicht – immerhin war er der Vater meines Sohnes und wir hatten zwölf Jahre zusammen verbracht. Marcel war erst viereinhalb, als ich seinen Vater verließ. Vor dem ersten Trennungsschmerz seines Lebens konnte ich ihn nicht bewahren.

Nach dem Scheitern meiner ersten Ehe ging ich eine Beziehung mit einem Heilpraktikerkollegen ein, den ich in der Hypnose-Ausbildung kennengelernt hatte. Für ihn zog ich in die Nähe von Darmstadt, wo ich auch heute noch lebe. Sechs Jahre lang war ich mit ihm zusammen und es wurde die größte Herausforderung meines Lebens. Dieser Mann hätte mich fast in die Knie gezwungen. Er konfrontierte mich stark mit meinem Vaterthema, das ich in meiner vierjährigen Psychoanalyse aufarbeitete. Es war eine verrückte Zeit. Im Rückblick weiß ich jedoch: Keineswegs habe ich mich blind in diese Beziehung gestürzt. Ich wusste, was für ein Risiko ich da einging. Ich sah diesen Mann, war fasziniert von ihm und fürchtete ihn zugleich. Diese widersprüchlichen Gefühle konnte ich mir kaum erklären – also sprach ich mit einem Kollegen und guten Freund. Er gab mir nur einen Rat: „Ute, du hast jetzt zwei Möglichkeiten: Entweder du nimmst deine Beine in die Hand und verschwindest so schnell wie möglich von diesem Typen, oder aber du findest heraus, was es mit dieser Angst auf sich hat. Aber dann musst du dich darauf einlassen."

Letztendlich ließ ich mich darauf ein. Ich wollte wissen, wer ich bin, wollte das mitnehmen, was diese Beziehung für mich barg. Also lernten wir uns richtig kennen. Dieser Mann war sehr groß gewachsen, gutaussehend und hatte eine unheimlich starke Wirkung auf seine Mitmenschen. Er neigte zu Dominanz, was mich in manchen Momenten an meinen narzisstischen Vater erinnerte. Gleichzeitig war er eben auch Heilpraktiker, extrem bewandert in der Hypnose und ein hervorragender Analytiker. Unsere intellektuelle Verbindung war sehr stark. Ich erinnere mich an unzählige tiefgründige Gespräche mit ihm. Genau wie ich war er sehr empfänglich für die Bildsprache der Tiefenpsychologie. Unsere emotionale Beziehung war jedoch von schlagartigen Höhen und Tiefen geprägt. Es war kein Zufall, dass wir voneinander angezogen waren. Wir konfrontierten einander mit unseren Schatten, mit Kindheitsthemen, die so tief in der Seele vergraben waren, dass nur sehr viel Schmerz und sehr viel Arbeit sie herausschälen konnten. Tatsächlich bin ich mir sicher, dass ich ohne ihn niemals den Missbrauch durch meinen Vater hätte aufarbeiten können. Zu schmerzhaft war diese

Erfahrung, um mich ihr allein zu stellen. Doch in der Analyse durch Werner Meinhold und mit seiner Hilfe schaffte ich es, wofür ich bis heute zutiefst dankbar bin. Umgekehrt war es wohl meine intuitive, gefühlsbetonte Art, die ihn faszinierte. Ich lebte mit ihm und Marcel im Mehrgenerationenhaus seiner Eltern. Gleichzeitig durchliefen wir beide unsere Psychoanalyse beim gemeinsamen Ausbilder Werner Meinhold. Auch in der Praxis arbeiteten wir nach wie vor als Kollegen zusammen. Da wir jede einzelne Lebenswelt miteinander teilten, gab es keine Möglichkeit, mich zurückzuziehen und meine ureigensten Konflikte weiter zu verdrängen.

Mein damaliger Partner liebte es, Grenzen auszutesten. Vielleicht lag es daran, dass er sehr analytisch war. Aber er begab sich auch sehr gerne im Privaten in die Beobachterrolle und prüfte die Reaktionen anderer Menschen. Vor allem eine Situation ist mir im Gedächtnis geblieben: Wir saßen alle im Garten, auch der damals fünfjährige Marcel war mit dabei. An diesem Nachmittag war er ein bisschen zappelig, was für sein Alter vollkommen normal war. Auf einmal begann mein ehemaliger Lebensgefährte, meinem Sohn Fragen zu stellen und ihn auszuhorchen, so als befänden sie sich inmitten einer Psychoanalyse. Irgendwann packte er sogar eine Videokamera aus, filmte seine Antworten und verunsicherte ihn. Marcel fühlte sich unwohl, das war offensichtlich. Und ich? Ich stand dabei, wollte einschreiten und war gleichzeitig wie gelähmt. Als Mutter konnte ich mein Kind in diesem Moment nicht beschützen. Stattdessen war ich in Schockstarre, ein Gefühl, das mir aus meiner Kindheit schrecklich vertraut war. Irgendwann konnte ich mich doch noch fangen und schritt ein: „Jetzt hörst du aber auf!" Es kam zum Streit zwischen uns. Dennoch war ich erleichtert, denn mein Sohn konnte aufstehen und sich aus dieser unangenehmen Situation befreien.

Zu Beginn unserer Beziehung idealisierte ich meinen Ex-Lebensgefährten. Doch je länger wir zusammen waren und je mehr er mich zwang, mein Vaterthema aufzuarbeiten, desto weniger ließ ich mich dominieren. Ich begann, an seinem Sockel zu sägen – und er wehrte sich dagegen. Machtspiele schlichen sich in unsere Beziehung ein und bestimmten den Alltag. Sogar unser Liebesleben wurde davon überschattet. Ich werde nie vergessen, wie wir einmal schon fast im Akt waren und er sich auf einmal abwandte. Demonstrativ legte er sich vor mir auf den Boden, schaute mich herausfordernd an und meinte: „Ja, das brauchst du jetzt sofort, oder?“ Und ich stand da – nackt, ausgeliefert und schämte mich. Am schlimmsten war für mich, wie er es sichtlich genoss, mich lächerlich zu machen.

Gleichzeitig wurde ich innerhalb von zwei Jahren dreimal von ihm schwanger. Alle Kinder verlor ich bereits in der achten oder neunten Woche, was mich zutiefst erschütterte. Auch diese Verluste standen immer mehr zwischen uns. Ein Teil von mir brauchte diese Erfahrung, auch wenn sie mich an meine Grenzen brachte. Und das nicht nur in emotionaler, sondern auch in körperlicher Hinsicht. Interessanterweise wirkte er gegen Ende unserer Beziehung manchmal fast so erschöpft wie ich – so als sei auch er der ewigen Machtkämpfe müde. Letztendlich zog ich einen Schlussstrich, doch ich hatte damals den Eindruck, dass auch er erleichtert darüber war. „Wir sind hier fertig“, dachte ich und ging neue Wege.

So leicht mir die Trennung am Ende auch gefallen war, die unmittelbare Zeit danach war sehr schwierig. Alleinerziehend und geläutert stand ich da. Hatte ich zuvor noch Zweifel daran gehabt, war es jetzt deutlicher denn je: So konnte es nicht weitergehen. Ich hatte zu diesem Zeitpunkt nicht nur eine, sondern gleich mehrere Beziehungen hinter mir, die mich einiges an Kraft und Lebensfreude gekostet hatten. Stets war es um Macht gegangen, um Dominanz und Unterwerfung. Spielen oder ausgespielt werden. Was hatte ich es satt!

Doch so sehr mich meine unglücklichen Beziehungen auch gefordert hatten, stets hatte ich an mir gearbeitet. So wusste ich nach all der Zeit, was ich wirklich in einer Beziehung wollte – aber auch das, was ich nicht wollte. Vermutlich war es diese Gewissheit, die alles zum Guten wenden sollte. Es gibt viele Wege, wie das Glück zu einem finden kann. Manchmal ist es der Zufall, der zwei Menschen zusammenbringt, aber ich lernte meinen heutigen Mann tatsächlich über eine Kontaktanzeige kennen. Witzigerweise organisierte ich das zusammen mit einer Ex-Freundin meines ersten Mannes. Wir verstanden uns gut. Dass wir beide einmal mit Bernd zusammen gewesen waren, stand unserer Freundschaft nicht im Wege. Im Gegenteil – Marcel und ich waren nach der Trennung der beiden fast ein bisschen traurig, weil wir sie und auch ihren Sohn aus einer vorigen Beziehung von Herzen mochten. Also fragte mich diese Freundin: „Was genau wünschst du dir?"

Einfache Frage, einfache Antwort. Im Grunde waren es zwei Dinge, die ich mir wünschte: Das Erste war ein Mann, der sich bewusst war und keine Angst vor Gefühlen hatte. Das andere war ein richtiges Zuhause. Wobei ich mir bei Letzterem lange Zeit selbst im Weg stand. Ich hatte mir immer ein Haus gewünscht, aber mein falsch verstandenes Berufsethos stand mir im Weg. „Ich darf doch keine materiellen Wünsche haben", meinte ich immer. Dann besuchte ich jedoch ein zweitägiges Seminar zur Persönlichkeitsentwicklung, bei dem wir unsere heimlichen Wünsche aussprechen sollten, und ich sagte: „Ich hätte gerne ein Haus." Ich konnte mir sogar bildlich vorstellen, wie es aussehen würde, und wusste: Irgendwo da draußen wartete es auf mich. Es war ein wunderbares Gefühl. Schließlich kam ich vom Seminar zurück. Mein Sohn war zu diesem Zeitpunkt zehn Jahre alt. Ich ging zu ihm und sagte: „So, Marcel, wir stoßen jetzt auf unser Haus an. Noch ist es nicht bereit, in unser Leben zu kommen, aber es steht schon und wartet auf uns. Irgendwann, vielleicht in ein, zwei Jahren, sind wir dort." Wir stießen darauf an, er mit O-Saft, ich mit einem Piccolo.

Kurz danach schaltete ich meine Anzeige in der Frankfurter Rundschau. Ich schrieb, ich wolle einen großen Mann, der sich bewusst sei und keine Angst vor Gefühlen habe. Ein paar der Zuschriften, die ich daraufhin bekam, waren regelrecht absurd. Über diese Frankfurter Rundschau konnte ich auch eine Art Anrufbeantworter abhören. Zuvor hatten meine Partner immer Hochdeutsch gesprochen. Aber mein Mann ist ein hessischer Bub; das merkte ich sofort, als ich mir seine Nachricht anhörte. Seine tiefe Stimme gefiel mir. Er stellte sich als Bernhard vor. „Was für ein Zufall", dachte ich, da mein erster Mann Bernd heisst. Aber vielleicht war es kein purer Zufall. Im Rückblick sagt mein Mann gerne, er, Bernhard, sei die erwachsene Form. Und ich muss ihm recht geben – von Anfang an führten wir eine vertrauensvolle Beziehung.

Wir heirateten, ein Jahr nachdem wir uns kennengelernt hatten. Es war vielleicht früh, aber wir wollten das so. Ich dachte: „Ich will einmal heiraten, wenn ich noch diese Schmetterlinge im Bauch habe." Und so kam es. Bernhard brachte ein Haus in unsere Ehe ein, allerdings war es sein Elternhaus, und da wollten wir nicht zusammenleben. Also verkauften wir das alte Haus und zogen in das Zuhause ein, in dem wir heute noch wohnen. Seit 18 Jahren sind wir zusammen und werden einander nie im Stich lassen. Mit Bernhard habe ich tiefe Beziehungsebenen erfahren, wie es mein Wunsch war und ist. Wir sind noch nicht angekommen, aber mitten auf dem Weg dorthin. Menschen gehen im Laufe ihres Lebens durch verschiedene Entwicklungsphasen, z. B. die orale Phase, die anale Phase und die ödipale Phase. In unseren Beziehungen spielen sich diese Entwicklungen ebenfalls ab, Paare verändern sich gemeinsam und einander.[7] Die meisten Beziehungswelten scheitern an Machtkämpfen, wenn sie durch diese Phasen gehen. Die Liebe ist meiner Ansicht nach das tragende Element überhaupt auf dieser Welt. Mein Mann und ich sind dankbar, dieses Geschenk vom Leben erhalten zu haben. Tatsächlich bin ich seine erste Liebe. 43 Jahre alt war er, als wir uns kennenlernten.

Im Nachhinein habe ich immer wieder reflektiert, wie schief etliche Dinge hätten laufen können. Gerade weil ich mich viel mit dem Zusammenhang zwischen Missbrauch und Borderline beschäftigt habe, ist mir klar: Hätte ich meine Lebensgeschichte nicht aufgearbeitet, wäre das vielleicht mein Schicksal gewesen. Ich stehe zu meiner Geschichte. Vielleicht liegt das auch daran, dass ich mich in meiner Praxis schon häufig mit diesem Thema auseinandersetzen musste. Aber ich bin in der Praxis kein anderer Mensch als privat. Natürlich muss ich mich ebenso abgrenzen wie jeder andere Therapeut. Dennoch kann ich nicht selbst eine Maske tragen, wenn ich andere Menschen ermutigen will, die ihre abzulegen. Aus diesem Grund zeige ich mich in der Praxis berührbar. Meine Klienten sollen wissen, dass auch ich nur ein Mensch bin, mit Gefühlen und Unzulänglichkeiten.

---

7 Über die Phasenlehre und ihren Zusammenhang zur Psychotherapie schreibe ich in Kapitel 12

Für mich ist es eine besondere Form von Freiheit, mich nicht zu verstellen. Diese Rückmeldung erhalte ich auch von anderen. Eine Klientin sagte erst neulich zu mir: „Weißt du, du bist, egal in welchem Kontext man dich jetzt sieht, einfach du selbst.

Zweifel und Glauben

Als Kind wurde ich katholisch erzogen. Wie man es von mir erwartete, ging ich zur Kommunion, doch ich verlor schnell die Verbindung zu Gott. Zu negativ waren die Assoziationen, die ich mit der Kirche hatte. Mit Schaudern erinnerte ich mich an die katholischen Nonnen im Kindergarten in ihren schwarzen Kutten. Von ihnen hatte ich nichts über das Vertrauen ins Göttliche gelernt. Stattdessen machte ich nur Bekanntschaft mit autoritären Erziehungsmethoden. In meinem Leben durfte ich verschiedene Religionen kennenlernen und konnte aus fast jedem Glauben etwas für mich gewinnen. Besonders positiv beeindruckt hat mich der Buddhismus. Aber auch meine Ausbildung zur Psychopädin bei Dr. Udo Derbolowsky half mir, meine Verbindung zum Göttlichen wiederzufinden.

Und da wäre noch meine Schwester Susanne. Heute haben wir leider keinen Kontakt mehr. Nicht weil wir zerstritten wären, sondern weil die Erinnerung an die Vergangenheit sie zu stark belastet. In unserer Kindheit und Jugend, sie ist acht Jahre jünger als ich, standen wir uns sehr nah. Von Anfang an erlebte ich bewusst mit, wie sie aufwuchs. Da meine Eltern beide viel arbeiteten, passte ich als große Schwester oft auf sie auf. Susanne war ein aufgewecktes Kind und sehr empfänglich für die Schönheit der kleinen Dinge. Sie liebte es, mit unserem Pudel herumzutollen, und hatte eine unheimlich starke Fantasie. Ich kann mich an so viele tiefgründige Gespräche mit ihr erinnern, weil sie unheimlich kreativ denken konnte. Dabei hatte sie einen fast makabren Sinn für Humor. Früher liebte Susanne es, mir Streiche zu spielen. Damals teilten wir uns ein Zimmer, und einmal wartete sie, bis ich spät nach Hause kam und mich leise ins Zimmer schlich. Ihr Kissen hatte sie unter ihre Bettdecke gestopft und sich selbst unter meinem Bett versteckt. Im Halbdunkel erkannte ich auf ihrer Bettseite nur den Schemen und dachte, sie schliefe bereits. So setzte ich mich aufs Bett – und sie schnappte sich von unten meinen Fuß! Oder als ich mich einmal im Bad bettfertig machen wollte, schwang die Tür zu und gab den Blick auf den Heizkörper frei. Dort oben hockte sie und starrte mich an. Was haben wir gelacht!

Es ist faszinierend, wie sehr Geschwister sich doch in ihrem Wesen voneinander unterscheiden können. Ich war stets sehr analytisch, jedoch brachte mir Susanne die Spiritualität näher. Bis heute profitiere ich von dieser Erfahrung. Aus unterschiedlichen Voraussetzungen haben wir beide etwas Ähnliches gemacht: Wir wurden uns bewusst, dass es unsere Aufgabe ist, Menschen zu helfen. Ich wurde Heilpraktikerin und Hypnosetherapeutin, sie dagegen wurde Reiki-Meisterin. Als ich wegen meiner vielen Fehlgeburten am Boden zerstört war, unterstützte sie mich. Zu diesem Zeitpunkt brachte mich mein eigenes Wissen nicht mehr weiter. So ließ ich mich von ihr für energetische Hilfe gewinnen. Meine Schwester gab mir den Rat, meine Augen zu schließen, die Hände hochzuhalten und mir etwas zu wünschen. Da streckte ich meine Arme nach oben aus und bat darum, eine höhere Macht, vielleicht ein Engel, möge mich an der Hand nehmen. Zuerst fühlte ich nichts. Meine eigene Skepsis stand mir im Weg, die Ratio blockierte das Gefühl. Doch irgendwann spürte ich, wie meine Hände wärmer wurden, so als ob jemand sie halten würde.

Ich war mir unsicher, was ich nun über diese Erfahrung denken sollte. Aber ich fühlte mich besser.

Als ich im Jahr 2002 meine energetische Ausbildung absolvierte, wurde ich offener gegenüber spirituellen Dingen. Stück für Stück wurden wir alle in unsere eigene Liebesfähigkeit geführt.

Am Ende dieser Ausbildung hatte ich einen Traum: Ich traf auf einen Erzengel. Wären diese Bilder nicht in meinem Kopf gewesen, hätte ich vielleicht darüber gelacht, denn dieses Gefühl war schwer zu greifen. Doch in meinem Traum stand ich da, verwurzelt in der Erde, verankert im Himmel. Es war ein Gefühl der ultimativen Geborgenheit. Um mich herum entstand ein Lichtkreis, meine Aura. Ich rief nach dem Erzengel und dann stand der Erzengel Raffael vor mir, ein Heilungsengel in all seiner Energie. Sogar im Traum verließ mich fast meine Kraft, und es waren meine Wurzeln, die mich hielten. Ich war vollkommen überwältigt. Diese Begegnung öffnete mein Herz und ich weinte. Vielleicht war es nur ein Traumbild, das ausschließlich in meinem Kopf existiert. Doch nur weil etwas sich im Kopf abspielt, heißt es nicht, dass es nicht wirklich ist. Seit dieser Begegnung habe ich ein ganzes Stück inneren Frieden gefunden. Die Gewissheit, dass meine Empfindung wahrhaftig ist, reicht mir vollkommen aus. In meiner Ausbildung erlebte ich auch andere Arten von Energie, zum Beispiel die Marienenergie. Dazu verspürte ich sofort eine intuitive Verbindung, vielleicht weil mein Zweitname Marie-Luise ist. Man muss diese Prozesse nicht erklären können, und zu beweisen gibt es da erst recht nichts. Sich darauf einzulassen bedeutet, eine elementare Form der Gnade zu erleben. Wer aber dazu noch nicht bereit ist, muss diesen Pfad nicht beschreiten. Ich persönlich war zu Beginn spirituellen

Themen gegenüber auch eher skeptisch. Doch mit der Zeit wurde ich offener, vor allem deshalb, weil Spiritualität ein Weg war, Verluste in meinem Leben zu überwinden.

In erster Linie half es mir, den Tod meiner Mutter zu verarbeiten. Dafür besuchte ich eine Veranstaltung von Pascal Voggenhuber. Als Medium nimmt er Kontakt zu Verstorbenen auf, um den Hinterbliebenen zu helfen. Also war ich bereit, es zu versuchen. Damals, als meine Mutter an Krebs erkrankte, führten wir sehr offene Gespräche. Oft dachten wir über ihr kommendes Ende nach. Meine Mutter glaubte an ein Leben nach dem Tod und an Engelenergien. Sie versprach mir: „Ute, wenn ich auf der anderen Seite bin und dir ein Zeichen schicken kann, werde ich das auch tun."

Bevor ich an diesem Abend von zu Hause loszog, blickte ich auf ein Porträt meiner Mutter im Flur und sagte: „Mam, heute versuche ich, Kontakt zu dir aufzunehmen." Bei der Veranstaltung Voggenhubers waren wir 70 Leute. Später fand eine Vorführung statt. Pascal Voggenhuber wählte mich aus und stellte, ohne mich zuvor zu fragen, fest: „Du hast eine Verabredung mit deiner Mutter. Sie ist hier, um ihr Versprechen einzulösen." Ich öffnete mich für die Verbindung. Schließlich sagte mir Voggenhuber: „Sie hat eine Botschaft für dich. Du sollst aufhören, an dir zu zweifeln." Er wusste, auch ohne dass ich ihm dies gesagt hatte, dass ich in einem Heilberuf arbeite, und erzählte mir Geschichten aus meiner Kindheit. Es waren Dinge, die sonst nur meine Mutter wissen konnte. Diese Begegnung berührte mich sehr.

Menschen loszulassen ist für mich etwas sehr Hoffnungsvolles, weil meine Vorstellung vom Jenseits buddhistisch geprägt ist. Ich bin davon überzeugt, dass wir alle mehrmals in die Welt geschickt werden, um verschiedenste Erfahrungen zu machen. Nach dieser Vorstellung braucht eine Seele drei Tage, um den irdischen Körper zu verlassen, bevor eine Wiedergeburt möglich ist. Wird ein Mensch erst einmal wiedergeboren, nimmt er ein paar Eigenschaften aus dem früheren Leben mit, hat aber dennoch die Chance, neu anzufangen. Neues Leben, neue Erkenntnisse. Ich finde das Bild von der sich ewig weiterentwickelnden Seele wunderschön.

Die Entstehung des Lebens

Was passiert bei einer Schwangerschaft? Als Erwachsene sind wir sexuell aufgeklärt. Dennoch haben die meisten von uns eine äußerst unpräzise Vorstellung von den biologischen und psychologischen Prozessen der pränatalen Zeit. Dabei können wir das Verhältnis zwischen Eltern und Kind, vor allem die Mutter-Kind-Bindung, ohne dieses Wissen nicht verstehen. Irrtümlicherweise begreifen viele die Geburt eines Menschen als den Beginn seiner Geschichte. Doch mit meinem heutigen Wissen über die pränatale Zeit des Menschen würde ich die Empfängnis im Mutterleib als Beginn der Lebensgeschichte definieren. Zu dieser Erkenntnis kam ich durch das, was ich bei Dr. Udo Derbolowsky über die Entstehung einer Schwangerschaft lernte, und durch die Phasenlehre der menschlichen Entwicklung, wie sie mir in der Ausbildung und Analyse bei Werner Meinhold begegnete. Auch in der Traumaforschung rückt die Entwicklungspsychologie mehr und mehr in den Vordergrund. Vor allem Franz Ruppert klärt viel darüber auf, wie prägend Schwangerschaft, Geburt und erste Lebensjahre für einen Menschen sein können.[8] Die Fallgeschichten, die ich aus meiner eigenen Praxis kenne, zeigen ebenfalls auf, dass sich viele Konflikte bereits abzeichnen, bevor ein Mensch das Licht der Welt erblickt.

---

8 Weiterführende Literatur: Ruppert, Franz: Frühes Trauma – Schwangerschaft, Geburt und erste Lebensjahre, Stuttgart 2014.

Die Empfängnis bedeutet die Vereinigung von Ei- und Samenzelle im Eileiter. Ist dieser Prozess abgeschlossen, teilt sich die Eizelle erstmals. Dabei nimmt sie aber nicht an Größe zu – eine äußere Schale verhindert das Wachstum und unterbindet einen Stoffaustausch mit dem mütterlichen Organismus. Findet dieser Stoffaustausch doch statt, kann es zu einer gefürchteten Eileiter- oder Bauchhöhlenschwangerschaft kommen. Das Erbgut des ganzen Menschen ist in jeder einzelnen Zelle enthalten. Die befruchtete Eizelle wird durch wurmförmige Bewegungen des Eileiters in Richtung Gebärmutterhöhle befördert und teilt sich währenddessen stetig. Das letzte Stück des Weges führt durch die Gebärmutterwand. Dieser Gang durch die Gebärmutterwand ist ein Engpass, im Grunde einem Geburtsvorgang nicht unähnlich. Die Schale, welche zuvor das befruchtete Ei umgeben hat, wird nun gesprengt und abgeworfen. Der entstehende Mensch hat somit immer noch die gleiche Größe wie zum Zeitpunkt der Zeugung. Schließlich umgibt sich die Zellkugel mit einer Wolke aus einer aggressiven Substanz, womit die Gebärmutterschleimhaut verletzt wird. Auf die blutende Wunde setzt sich die befruchtete Eizelle. Das Blut versorgt den kleinen Menschen. Ab diesem Zeitpunkt beginnt das eigentliche Wachstum. Der neue Mensch bildet sein eigenes Fress- und Ausscheidungsorgan, damit er nicht weiter an diese Wunde gefesselt ist: die Plazenta. Umgangssprachlich wird die Plazenta Mutterkuchen genannt, doch ich persönlich finde den Begriff „Mutterkuchen“ unpassend, da das Organ zum Kind und nicht zur Mutter gehört.

Anschließend bildet das Kind die Nabelschnur und kann sich innerhalb seiner Eihäute im Fruchtwasser bewegen. Wichtig ist, sich klarzumachen, dass all das die Organe des neuen Menschen sind, nicht die der Mutter. Mit den Eihäuten und der Plazenta grenzt sich ein Kind gegenüber dem

Organismus der Mutter ab. Auch die Mutter bildet einen Schutzwall, um weitere Übergriffe des werdenden Menschen zu verhindern. Nach Dr. Udo Derbolowsky ist das der Wurzel Grund: Der Schutzwall der Mutter befindet sich direkt an der Plazenta. Angriff und Abwehr halten sich in Waage, Mutter und Kind sind gegeneinander ausbalanciert. Zumindest ist das so, wenn die Schwangerschaft normal verläuft.

Gelingt diese Balance aber nicht und überwiegt die Abwehr der Mutter, kommt es zur Fehlgeburt. Einige Embryonen versagen bereits beim Einnistungsversuch und haben nicht genug Widerstandskraft, um die Mutter zu verletzen. So sterben sie, ehe es zu einer Schwangerschaft kommen kann. Wir alle sind ein lebendiges Beispiel dafür, dass Abgrenzung zur Existenz dazugehört. Mit dem Fortschreiten der Schwangerschaft geht auch die Abgrenzung weiter: Geschlecht, Blutgruppe, der eigene Körper und sonstige Erbformen. Wir stellen uns einen Embryo oft als passives und abhängiges Etwas vor. Dabei ist da von Anfang an ein selbstständiger Mensch, der schon im Mutterleib bis zur Abnabelung für sich selbst sorgen muss. Aber Vorsicht: Die Geburt ist kein Schritt in die Selbstständigkeit, sondern der Beginn einer Abhängigkeit. Während der Schwangerschaft bestand nie eine Einheit von Mutter und Kind, nicht einmal physisch betrachtet. Immerhin versorgte sich das Kind über die eigenen Organe – Eihäute, Fruchtwasser, Plazenta und Nabelschnur – selbst. Erst mit der Nachgeburt werden die kindlichen Organe abgestoßen. Der mütterliche Organismus hat keine Verwendung für sie. Nur der Schutzwall entlang der Plazenta bleibt bestehen. Doch nun ist der neue Mensch auf der Welt. Anders als im Mutterleib kann er sich nicht mehr selbst versorgen: Jetzt ist das Kind abhängig von Zuwendung und Liebe von außen. Erst langsam kann es wieder in eine neue Selbstständigkeit heranreifen. Durch die Hilflosigkeit und Abhängigkeit eines Babys entstehen die Wurzeln der Seele, deren Narben, die Neurose, die Verwahrlosung, die Autodestruktivität, die frühkindlichen Lebensdefizite. Erst mit dem Erwachsenenalter hat der Mensch eine neue Form der Selbstständigkeit erreicht. In einigen Fällen ist der Weg dorthin sehr beschwerlich. Vertraute Kräfte sind wieder da und müssen ins Bewusstsein gerufen werden.[9]

Die pränatale Zeit kommt meiner Ansicht nach einer Weichenstellung gleich. Bereits in dieser Lebensphase kann ein Mensch Liebe und Vertrauen, aber auch Abneigung und Bedrohung erfahren. Diese frühen Erlebnisse prägen uns, sie sind der Beginn des roten Fadens unserer Lebensgeschichte. Gerade deswegen ist es ratsam, die eigene Lebensgeschichte aufzuarbeiten, bevor man unbewusst als Elternteil eine neue beginnt: Wer mit sich selbst im Reinen ist, läuft weniger Gefahr, seine eigenen Konflikte auf ein Kind zu übertragen. Es ist nicht egal, unter welchen Umständen ein Baby gezeugt wird und seine Mutter es austrägt. Im Gegenteil: Die pränatale Zeit ist die Wurzel unseres Selbst und der Ursprung unseres tiefsten Seins. Aus diesem Grund lege ich bei jedem Klienten ein besonderes Augenmerk darauf. Die Lebensanalyse meiner Klienten beginnt immer mit dem Jetzt und geht zurück bis zur Zeugung. Mit manchen Klienten arbeite ich aber auch fokal-analytisch und löse Konflikte direkt in der pränatalen Zeit. Wichtig ist in der Therapie, diese Phase des Lebens auf keinen Fall auszulassen oder zu unterschätzen.

---

9 Weiterführende Literatur: Derbolowsky, Udo: Wer mich nicht liebt, ist selber schuld. Psychopädie – ein Ratgeber zur praktischen Lebenshilfe, Basel/Boston/ Berlin 1991.

Das alles trifft auch auf mich zu: Als junge Frau verspürte ich einen extremen Kinderwunsch. Natürlich war ich ein Familienmensch, aber das war nicht die einzige Ursache. Dass ich mir so sehnlich ein Kind wünschte, hatte auch mit meinem eigenen inneren Kind zu tun, das ich erst noch suchen musste. Der Weg zur Mutterschaft war steinig: Meinen Sohn hätte ich bei seiner Geburt fast verloren. Die ersten Monate der Schwangerschaft waren gut gegangen, doch in der 30. Schwangerschaftswoche öffnete sich plötzlich mein Muttermund. Ich wurde in der Uniklinik in Frankfurt aufgenommen und hing fünf Wochen lang am Tropf, um die Geburt hinauszuzögern. So verbrachte ich die letzten Wochen der Schwangerschaft voller Angst und vollgepumpt mit Wehenhemmern. Schließlich entwickelte mein Kind Herzrhythmusstörungen und die Ärzte entschieden, die Geburt künstlich einzuleiten. Zweieinhalb Stunden dauerte es, bis die Geburt begann.

Ich hatte eine PDA bekommen, die nicht richtig wirkte, sodass ich zum entscheidenden Zeitpunkt nicht richtig pressen konnte und mein Sohn nicht genug Sauerstoff bekam. Also wurde ein Dammschnitt durchgeführt, den ich bei vollem Bewusstsein spürte. In meinem ganzen Leben habe ich nie wieder so geschrien wie in diesem Moment. Die Schmerzen brachten mich an die Grenze des Erträglichen. Doch der Schrecken hatte immer noch kein Ende: Mein Baby war komplett blau – ein Notfall! Ich konnte es nicht in meinen Arm legen, stattdessen nahmen die Ärzte es mir weg und mussten sein Leben retten.

Dieses Erlebnis traumatisierte mich zutiefst. Auch wenn mein Sohn gesund wurde und ich ihn kurze Zeit später endlich in die Arme schließen konnte, war es als Mutter für mich nicht einfach. Ich fühlte mich überfordert. In den ersten Jahren unterstützte mich noch mein erster Mann, soweit er es vermochte. Als wir uns jedoch trennten, war ich mit Marcel allein und litt unter der Situation. Wenn mein Kind weinte, verspürte ich körperliche Schmerzen und empfand eine Wut, über die ich erschrak. Dennoch führte all dieses Leid zu etwas Gutem: Ich begann meine psychotherapeutischen Ausbildungen und zog los, um mich selbst zu finden. Das war eine der besten Entscheidungen, die ich traf. Indem ich meine frühste Kindheit aufarbeitete, lernte ich, die Mutterrolle anzunehmen, und begann, anderen Frauen auf diesem Weg zu helfen.

Inzwischen nutze ich meine Erkenntnisse als Therapeutin und als Mutter, um mit Schwangeren zu arbeiten. Wann immer eine werdende Mutter zu mir in die Praxis kommt, versuche ich, ihr aufzuzeigen, dass ein Kind bereits während der Schwangerschaft ein eigenständiges Wesen ist. Durch Hypnosesitzungen biete ich der Schwangeren die Möglichkeit, bereits vor der Geburt eine starke Bindung zu ihrem Kind aufzubauen. Sobald die Klientin sich in der Hypnose befindet, frage ich: „Was nimmst du wahr?“

Hypnose öffnet Kanäle, die im Alltag ansonsten verschlossen sind. Welche Eindrücke man in einer Sitzung empfängt, hängt davon ab, welche Sinne man sonst besonders intensiv nutzt. Die meisten Klienten sind visuell geprägt und sehen Bilder vor ihrem geistigen Auge. Zu Beginn unseres Lebens nutzen wir Menschen oft die Bildsprache, bis wir anfangen, Empfindungen verbal auszudrücken. Doch das Denken in Bildern ist unterbewusst noch vorhanden. Eine Schwangere, die vor allem visuell für Reize empfänglich ist, würde vielleicht ihr Baby vor sich sehen, das sich in die Nabelschnur einrollt. Vielleicht würde sie es auch als ätherisches Wesen erkennen.

Doch nicht alle Klientinnen empfangen Bilder in der Hypnose. Bei manchen Menschen ist nicht das Sehen der stark ausgeprägte Sinn, sondern eher das Gehör, der Tast- oder der Geruchsinn. So könnte es ebenso passieren, dass eine Schwangere in der Hypnosesitzung die Stimme ihres Babys hört, vielleicht sein Gewicht auf ihrem Arm spürt oder den Duft seines Kopfes riecht. Es ist nicht entscheidend, auf welche Weise eine schwangere Klientin ihr Baby wahrnimmt. Wichtig ist die Kommunikation, die dadurch entsteht. Die werdende Mutter kann zu ihrem Kind sprechen, es in ihrer Vorstellung im Arm halten und sich so mit ihren eigenen Gefühlen verbinden: Vorfreude, Aufregung, vielleicht auch Angst … Ebendiese Kommunikation stellt einen Kontakt zum Baby her.

An eine Klientin erinnere ich mich besonders gut. Sie war im fünften Monat, als sie zu mir kam. Das Geschlecht ihres Babys wusste sie noch nicht, da sie sich überraschen lassen wollte. Ich versetzte sie in Hypnose und bat sie, die Hand auf ihren Bauch zu legen. „Was nimmst du wahr?“, fragte ich. Die werdende Mutter antwortete mir: „Ich höre, wie das Baby seinen Namen sagt. Sie heißt Sara[10].“ Monate später erreichte mich eine Karte: Meine ehemalige Klientin berichtete mir von der Geburt ihrer Tochter. Es war schön, sie auf diesem Weg ein Stück begleitet zu haben.

10 Name geändert

„Es ist nie zu spät für eine glückliche Kindheit."

(Autor Unbekannt)

Der Verlust des Kindes

Schwangerschaften therapeutisch zu begleiten ist eine wunderschöne Aufgabe. Doch für mich ist das auch unzertrennlich mit einem traurigen Themenbereich verbunden: der Hilfe für Frauen, deren Schwangerschaften durch Fehl- oder Totgeburten endeten oder die ihr Kind nach der Geburt plötzlich verloren. Auch Frauen, die eine Abtreibung oder ein Geburtstrauma erlebt haben, können zu mir in die Praxis kommen. Komplikationen bei Schwangerschaft und Geburt kommen häufig vor. Das macht sie jedoch nicht weniger schmerzhaft. Meine Aufgabe als Therapeutin ist es dann, den Frauen wieder ins Leben zu helfen und sich von Schuld und Scham zu befreien. Den Schmerz der betroffenen Frauen kann ich nachfühlen: In meinem Leben war ich tatsächlich nicht weniger als sieben Mal schwanger. Nur mein Sohn Marcel erblickte das Licht der Welt. Mein erstes Kind trieb ich ab, als ich siebzehn war. Danach verlor ich zwei Kinder in der Beziehung zu meinem Ex-Mann, bis wir beide schließlich unseren Sohn Marcel bekamen. Als Marcel viereinhalb Jahre alt war, verließ ich meinen ersten Mann. Schließlich lernte ich meinen neuen Lebensgefährten kennen, von dem ich drei Mal schwanger wurde. Doch alle drei Kinder verlor ich bereits in einem frühen Stadium der Schwangerschaft. Das alles prägt mich bis heute. Ganz bewusst spreche ich von meinen sieben Kindern, nicht von einem Sohn und sechs Schwangerschaften, denn jedes Kind war ein lebendiges Individuum. Es ist wahr, nur mein Sohn Marcel ist hier auf dieser Welt angekommen. Dennoch hat jedes meiner Kinder einen besonderen Platz in meinem Herzen.

Vor allem das erste Kind, das ich abtreiben ließ, sollte mein Leben in einem hohen Maße beeinflussen, auch wenn mir das zu jener Zeit nicht bewusst war. Ich kann nicht für alle Frauen sprechen, die abgetrieben haben. Letztendlich kann ich nur von meiner eigenen Erfahrung berichten. Meine damalige Situation war insofern belastend, als ich mit meinen siebzehn Jahren noch ziemlich kindlich war und nicht verstand, was eine Schwangerschaft körperlich wie seelisch bedeutete. Zudem liebte ich meinen damaligen Freund nicht mehr und wollte die Beziehung beenden. Ich hatte wahnsinnige Angst, es meinen Eltern zu sagen, doch meine Mutter nahm mir die Entscheidung ab. Sie bemerkte, dass ich meine Periode nicht bekam, und stellte mich zur Rede. Meine Mutter fragte mich nicht erst, was ich tun wollte. Für sie war es eine beschlossene Sache, dass dieses Kind nicht zur Welt kommen würde. Als junges Mädchen war ich so gehorsam und ängstlich, dass ich das nicht einmal infrage stellte. Aber es war keine selbstbestimmte Entscheidung. Ich weiß nicht, was geschehen wäre, wenn ich in einer anderen Familie aufgewachsen wäre, die mich als mündigen Menschen behandelt hätte. Womöglich wäre ich gar nicht erst in so jungen Jahren schwanger geworden. Und falls ich schwanger gewesen wäre – vielleicht hätte ich das Baby bekommen, vielleicht nicht. Doch ich hätte selbstbestimmt und bewusst die Konsequenzen daraus ziehen können.

Genau wie ich hatte meine Mutter Angst vor der Reaktion meines Vaters. Zuerst war der Plan, die Schwangerschaft vor meinem Vater geheim zu halten. Sie schickte mich zum Frauenarzt, wo ich untersucht wurde. Zu diesem Zeitpunkt stellten meine Mutter und ich bereits klar, dass wir das Kind nicht haben wollten. Mein Frauenarzt erklärte, er würde den Eingriff stationär im Krankenhaus durchführen. Den obligatorischen Termin bei Pro Familia mussten wir dennoch wahrnehmen und uns beraten lassen. Durch einen Zufall erfuhr mein Vater von unserem Termin bei der Beratungsstelle und meine Mutter gestand ihm meine Schwangerschaft. Anders als erwartet wurde er nicht wütend. Wie mir später berichtet wurde, forderte er sie nur auf: „Du regelst das." So ging ich mit meiner Mutter zu Pro Familia, wo mich die Beraterin eindringlich fragte, ob ich das Kind wirklich nicht wolle. Mit voller Überzeugung antwortete ich: „Nein!" Im Rückblick ist mir klar, dass ich nur rational, aber nicht emotional die Bedeutung des Ganzen einschätzen konnte. Anstatt mich zu fragen, was die Abtreibung mit mir machen würde, dachte ich in diesem Moment nur: „Ich bin ja noch in der Schule, das geht alles nicht." Auch meine Mutter meinte nur: „Ja, das geht überhaupt nicht."

Den Vater des Kindes bezog ich nicht in meine Entscheidung mit ein. Zwar teilte ich ihm mit, dass ich schwanger war, aber ich ließ ihm keine Wahl. Letztendlich fügte ich mich meinen Eltern und er musste sich wiederum mir fügen. Mein damaliger Freund wollte das Kind, wobei ich mir aber nicht sicher bin, ob es ihm dabei nicht eher um mich ging. Immerhin hegte er noch Gefühle für mich.

Mein Frauenarzt wartete bis zur zehnten Woche. Gerade im Nachhinein kommt mir das unglaublich vor. Ich weiß auch gar nicht, warum er mich so lange hinhielt. Die Schwangerschaft an sich wurde bereits sehr früh festgestellt, in der sechsten Woche. In der zehnten Woche ist der Embryo schon zum größten Teil fertig entwickelt und muss nur noch wachsen.

Daran dachte ich mit meinen siebzehn Jahren allerdings noch nicht. Ich hatte keinen Bezug zu dem, was da in meinem Bauch wuchs, und stellte mir das einfach als Zellhaufen vor.

Schließlich erfolgte die stationäre Aufnahme. Am ersten Tag wurde ich untersucht, am zweiten Tag fand der Eingriff statt: Zuerst wurde der Muttermund gewaltsam geöffnet und der Embryo anschließend ausgeschabt. Noch zu gut erinnere ich mich an den Moment des Aufwachens. Es war so, als würde meine Seele tief Luft holen. Auch wenn mir der ganze Vorgang nicht wirklich bewusst gewesen war, hatte er mich dennoch sehr belastet. Schließlich besuchte mein Vater mich im Krankenhaus. Er brachte mir einen Blumenstrauß und eine Packung Weinbrandbohnen mit. Weder die Schwangerschaft noch der Eingriff kamen zur Sprache. Stattdessen sagte er nur: „Ich bin froh, dass es dir besser geht", und umarmte mich. Aus heutiger Sicht erscheint mir sein Verhalten ziemlich grotesk, doch damals war ich nur erleichtert. Ich empfand keine Schuld wegen des Abbruchs. Stattdessen fühlte ich mich schuldig, meine Eltern damit belastet zu haben. Dass es falsch von meinen Eltern gewesen war, sich über mich hinwegzusetzen, um ihren eigenen Willen zu bekommen, kam mir nicht in den Sinn. Die leere Packung Weinbrandbohnen hob ich mehrere Jahre als Erinnerung auf.

Schließlich ging ich nach Hause, so als sei nichts passiert. Aber bis zu diesem Zeitpunkt der Schwangerschaft hatte sich mein Körper bereits verändert, der Uterus war schon ein Stück größer. In der Schule litt ich noch länger nach dem Eingriff an wehenartigen Schmerzen. Stets zum gleichen Zeitpunkt traten sie auf: zwischen 11:30 und 12:00 Uhr. Da saß ich noch auf der Schulbank. Im Grunde war das eine logische Konsequenz, weil die Methode des Abbruchs veraltet war. Heute bekommen die Patientinnen für gewöhnlich ein Medikament, das den Vorgang etwas erleichtert, weil die Kontraktionen der Gebärmutter sehr schmerzhaft sind. Nach einem Abbruch muss sich außerdem der Uterus auf die Normalgröße rückbilden, was sehr beschwerlich sein kann. Doch von alldem wusste ich nichts. Zwar hatte man diesen Eingriff an mir durchgeführt, mich dabei aber nicht ausführlich genug aufgeklärt. Ich verstand die Veränderungen meines Körpers nicht. Nicht nur die Schmerzen waren eine Veränderung, mit der ich klarkommen musste. Auch meine Brust wurde auf einmal ziemlich groß und blieb auch so. Sogar andere Menschen bemerkten das. Eine Schulfreundin sprach mich darauf an, was mir wirklich unangenehm war.

Mit meinem heutigen Wissen hätte ich vermutlich nicht abgetrieben, und wenn doch, hätte ich sicherlich nicht so lange mit dem Abbruch gewartet. Ich bin davon überzeugt, dass mein Schwangerschaftsabbruch von damals meine späteren Fehlgeburten mitbeeinflusst hat. Von der Existenz meines zweiten Kindes erfuhr ich nur durch einen positiven Schwangerschaftstest, jedoch verlor ich dieses zweite Kind schneller, als mein erster Ehemann und ich es damals realisieren konnten. Die Schwangerschaft mit meinem dritten Kind war eine besonders schlimme Erfahrung: Mein erster Mann wollte von diesem Kind nichts wissen und zeigte mir die kalte Schulter. Dennoch hielt ich zu diesem Kind und wollte es bekommen, mit oder ohne seine Unterstützung.

In der 15. Schwangerschaftswoche bekam meine Fruchtblase einen feinen Riss und Flüssigkeit sickerte hinaus. Man konnte sowohl mir als auch dem Baby nicht mehr helfen. Also bekam ich Wehenmittel, damit mein

Muttermund sich öffnete. Dann schoben die Ärzte mich in den OP-Saal und ich wurde in eine Vollnarkose versetzt. Als ich erwachte, befand ich mich nicht mehr in der Schwangerenstation des Krankenhauses, sondern in einem normalen Krankenzimmer. Mein Kind war fort, auch sein Vater war nicht da. Aber meine Mutter saß an meinem Bett und tröstete mich. Ich erinnere mich noch an die ersten Tage zu Hause, nachdem ich aus dem Krankenhaus kam. Trotz des Kindsverlusts produzierte mein Körper bereits Muttermilch, sogar so viel, dass ich einen Milchstau bekam und ich meine Brust abbinden musste. Mein Körper fühlte sich an, als sei ich noch schwanger oder bereits Mutter. Der Verlust schwebte bleiern über mir und zwang mich fast in die Knie.

Nach dieser schrecklichen Erfahrung arbeitete ich vieles mit meinem ersten Mann auf. Wir heirateten und entschieden uns gemeinsam dazu, doch Eltern zu werden, und ich wurde mit meinem vierten Kind schwanger. Marcel war mein einziges geplantes Kind. Vielleicht schaffte er es deswegen, zu überleben und auf die Welt zu kommen. Es ist meine tiefste Überzeugung, dass ein Kind spürt, ob es willkommen ist oder nicht. Auch wenn sein Vater und ich uns einige Jahre später trennten, war mein Sohn von beiden Eltern gewollt. Als ich nach der Scheidung mehrere Jahre mit einem Heilpraktikerkollegen zusammen war, wurde ich erneut drei Mal ungeplant schwanger. Mein damaliger Lebensgefährte reagierte nicht so ablehnend auf meine Schwangerschaften, wie mein erster Ehemann dies getan hatte. Dennoch wollte er nicht Vater werden und unsere Beziehung war sehr belastet. Vielleicht wäre es sonst anders gelaufen. Nachdem wir uns getrennt hatten, hielt er mir vor, ich hätte versucht, ihn in die Vaterrolle zu drängen. Der Vorwurf war so hart und ungerecht, dass ich nichts darauf zu erwidern wusste.

Ich bin mir sicher, dass nicht nur meine belasteten Beziehungen ein Auslöser für alle diese Fehlgeburten waren. Die veraltete Methode des Schwangerschaftsabbruchs hatten Uterus und Muttermund wohl dauerhaft geschädigt. Außerdem passten diese Fehlgeburten in mein Lebensmuster. Schon in meiner frühsten Kindheit machte ich die Erfahrung, nie gesehen zu werden. Auch in meiner eigenen Lebensanalyse arbeitete ich den mehr oder weniger unbewussten Versuch meiner Mutter, mich abzutreiben, auf: In meinem Kopf ist da das Bild von dieser harten Gebärmutterwand, durch die ich mich mühsam kämpfte. Ich konnte während der Hypnosesitzung sogar noch einmal dieses Gefühl des Engpasses nachempfinden. Seitdem ist mir klar: Nur mit aller Kraft habe ich mich selbst ins Leben geholt. Vom ersten Augenblick an war eine meiner tragenden Eigenschaften meine Willenskraft.

Wie kam ich über die sechs verlorenen Kinder hinweg? Eines kann ich mit Sicherheit sagen: Vergessen und Verdrängen ist keine Hilfe. Im Gegenteil – so wird es nur schlimmer. Mir half es, meine Kinder aufzustellen. Jedes einzelne nahm ich in meiner Vorstellung in den Arm und gab ihm einen Platz in meinem Leben. Schließlich ließ ich meine verlorenen Kinder bewusst los und verabschiedete sie in die andere Welt. Auch die Lehren Werner Meinholds waren mir eine starke Stütze. Immer wieder denke ich an diesen einen Satz zurück, der sowohl in der Ausbildung als auch in der Analyse fiel: „Jedes Leben ist als vollwertiges Leben zu sehen, egal zu welchem Zeitpunkt es sich verabschiedet hat.“ Wer sich bewusst macht, dass Mutter und Kind auf höchster Ebene miteinander verabredet sind, wird verstehen, dass der Abschied eines Kindes eine Entscheidung dieses kleinen Wesens ist. Getroffen wird sie aus Liebe. Nach dieser Vorstellung trägt niemand Schuld, stattdessen ist die Vergebung möglich.

Mir selbst konnte ich vergeben. Doch es gab noch einen Menschen, den ich um Verzeihung bitten musste. Mein erster Mann hatte von den zwei Kindern, die ich in unserer gemeinsamen Zeit verlor, nichts wissen wollen. Auch mein späterer Lebensgefährte, den ich nach der Scheidung kennenlernte, wollte nicht Vater werden. Zwar ließ ihn der Verlust unserer drei Kinder nicht vollkommen kalt, aber er nahm auch nicht wirklich Anteil daran. Der Vater meines ersten Kindes war sich jedoch von Anfang an seiner Verantwortung bewusst und war bereit, diese zu tragen. Obwohl er damals noch so jung war, verhielt er sich in vielerlei Hinsicht reifer und erwachsener als einige Männer, die ich später treffen sollte. Damals ließ er mich nicht im Stich. Stattdessen war ich es, die ihn verließ und ihm gedankenlos diese Verletzung zufügte. Also bat ich ihn um ein Treffen. Nach so vielen Jahren saßen wir uns gegenüber und ich erkannte seine Vaterschaft an. Ich erklärte ihm meine damalige Situation und bat ihn um Vergebung dafür, seinen Willen weder gehört noch respektiert zu haben. Und er verzieh mir.

Egal, wie ein Kind sich aus dem Leben einer Frau verabschiedet – ob durch einen Schwangerschaftsabbruch, eine Fehl- bzw. Totgeburt oder durch einen plötzlichen Todesfall –, es ist immer schwer. Es ist ein elementarer Schmerz, so als ginge ein Stück von einem selbst weg. Das lässt sich nicht schönreden. Dennoch kann man diesen Schmerz überwinden. Es ist wichtig, bewusst zu trauern und das kleine Wesen zu verabschieden. In meiner Praxis höre ich mir stets zuerst die Geschichte der Frau an. Viele meiner Klientinnen, die das hinter sich haben, sind sehr depressiv. Verschlimmert wird das durch die körperliche Empfindung. Manche Schwangerschaftssymptome verschwinden erst langsam und erinnern die Frau so ständig an den Verlust. In meiner Praxis ermögliche ich den betroffenen Frauen, Kontakt zu ihren Kindern aufzubauen, sie anzunehmen und schließlich in einem aktiven Prozess loszulassen. Nur so können sie das Geschehene akzeptieren.

Bei Schwangerschaftsabbrüchen spielt der Faktor Schuld eine besondere Rolle. Das gesellschaftliche Stigma und vorschnelle Verurteilungen tun ihr Übriges. Ich kann mich nur dafür aussprechen, Frauen, die eine Abtreibung hinter sich haben, mit Mitgefühl und Verständnis zu begegnen. Nicht jede Abtreibung geschieht aus völlig freiem Willen. Manche Frauen wollen einfach kein Kind und sind sich darin sicher, die Schwangerschaft beenden zu wollen. Andere Frauen jedoch stecken in einer Notlage, zum Beispiel weil sie in gewalttätigen Beziehungen leben und Übergriffen durch ihren Partner ausgesetzt sind oder weil sie finanzielle oder gesundheitliche Probleme haben und sich nicht anders zu helfen wissen. In solchen Fällen versuche ich, den betroffenen Frauen zu vermitteln, dass diese schwere Entscheidung das einzig Mögliche in ihrer Lage war. Schuldgefühle können sich aber auch einstellen, obwohl der Abbruch vollkommen freiwillig geschehen ist. Auch in diesem Fall ist meine Botschaft an die betroffenen Frauen, dass sie Akzeptanz und Vergebung verdient haben. Zuerst müssen sie sich eingestehen, dass ihre Entscheidung bedeutet, einem anderen Wesen das Leben genommen zu haben. Dennoch verpflichtet das keine Frau dazu, sich deswegen ein Leben lang schuldig zu fühlen.

Zuerst muss sie den Abbruch als Teil ihrer Lebensgeschichte akzeptieren, bevor sie sich selbst vergeben kann.

Prinzipiell habe ich, wenn es um gescheiterte Schwangerschaften geht, eher mit Frauen gearbeitet. Natürlich nimmt Frauen der Kindsverlust in besonderem Maße mit, weil er sich in ihrem eigenen Körper abspielt. Dennoch kann ich ebenso den Männern empfehlen, sich damit auseinanderzusetzen. Auch in der pränatalen Zeit ist die Vater-Kind-Bindung nicht unerheblich. Wenn ein Mann durch seine Partnerin den Verlust ungeborener Kinder miterlebt, prägt das seine Psyche gleichermaßen und lastet auf der Beziehung zu den Kindern, die nach diesem Ereignis noch das Licht der Welt erblicken.

Liebesbriefe

Mit Dieter erlebte ich meine erste, unschuldige Liebe. Noch heute liegen seine Briefe als Päckchen verschnürt bei mir zu Hause. Ich möchte ein paar seiner Briefe und mein Gedicht für ihn hier teilen. Im Rückblick bin ich unheimlich froh, dass ich all das aufbewahrt habe. Es ist nicht nur eine Erinnerung an unsere Geschichte, sondern auch an die Zeit unserer Jugend und wird für immer festhalten, wie wir die Welt damals sahen.

Mein Gedicht für Dieter

A Beautiful Dream!
I can't live without your Love.
I'm a lost leaf in the wind without you!
Come and carry me over the hill to our paradise;
and there we shall dream together
about our common future.
While we are doing that, put your
head on my shoulder and whisper
sweet in my ears. And then,
after your speech, put your lips
over mine, and then love me, because
I'm longing after you and your
stround arms. After that, Baby, rock

me in your safety arms in the
song of the wind. And in that moment,
angels will take us by
flying in the sky.
Beautiful surroundings!
And in the midst of that all you!
My Love!!!

30.09.1976, Brief von Dieter an mich

Meine geliebte Ute,

vielen herzlichen Dank für Deinen lieben Brief. Ich habe mich riesig darüber gefreut, als ich ihn bekam. Als ich am Samstag Abend von Dir Abschied nahm, begriff ich eigentlich noch gar nicht richtig, was überhaupt passiert ist. Es begann alles erst, als ich zu Hause war. Ich konnte es einfach noch nicht fassen. Es ist ja wirklich schnell gegangen mit uns beiden, wenn man so darüber nachdenkt. Ich fühlte mich wie im 7. Himmel, und so geht es mir auch jetzt noch. Mein einziger Wunsch ist, dass Du bald wieder nach Ansbach kommst. Ich werde selbstverständlich mit Peter bei Deiner Oma vorbeischauen. Ich kann es wirklich kaum mehr erwarten.

Auch ich finde es toll, daß wir zwei zueinandergefunden haben. Ich glaube, Du hast mit Peter recht, denn jedes Mal, wenn wir uns über Dich unterhalten, grinst er die ganze Zeit. Daß Du meinen Geburtstag nicht vergisst, will ich Dir gerne glauben. Ich hätte da noch einen Wunsch auf dem Herzen: Ich möchte so gerne ein Bild von Dir.

Auch ich vermisse Dich sehr. Wenn ich ehrlich bin, habe ich mich von Anfang an schon in Dich verliebt. Meine Freunde beschweren sich schon, weil ich die ganze Zeit träumend herumlaufe und mich nicht mehr um sie kümmere. Nun zu Deinem Liebesgedicht: Es hat mir wirklich ganz toll gefallen. Ich konnte zwar nicht alles freihand übersetzen, aber wozu hat man denn ein Wörterbuch. Ich habe mir überlegt, ob ich nicht auch ein paar Zeilen in Englisch schreiben soll, aber dann ließ ich es jedoch wieder bleiben. Es würde nämlich bestimmt nichts Gescheites dabei rauskommen, weil ich in Englisch nicht gerade der Beste bin. Du aber kannst ruhig in Deinen nächsten Briefen wieder etwas Englisch schreiben. Ich habe nichts dagegen, im Gegenteil, es hat mir sogar Spaß gemacht, Dein Gedicht zu übersetzen.

Ute, ich denke die ganze Zeit an Dich. Ich bin zwar jeden Tag im Jugendzentrum, aber ohne Dich macht es einfach keinen Spaß. Ich denke immer, wenn Du jetzt nur hier wärst und ich Dich in meinem Arm halten könnte. Fast jede Nacht träume ich von Dir.

Noch etwas ganz kurz: Wie der Peter bei Dir angerufen hat, bin ich danebengesessen. Er hat da etwas von einem anderen Mädchen zu Dir gesagt, das auf mich spinnt. Das stimmt zwar, aber ich habe in der Zwischenzeit alles wieder geregelt. Ich habe ihr frei heraus gesagt, daß nichts daraus wird, 1. weil ich eine andere Freundin habe und 2. weil sie mir nicht gefällt.

Du brauchst Dir wirklich keine Sorgen zu machen, daß Du mich verlieren könntest. Ich bleibe standhaft, denn ich liebe nur Dich.

Dein Dich liebender Dieter

16.10.1976, Brief von Dieter an mich

Mein innig geliebter Schatz!

Zunächst einmal vielen herzlichen Dank für Deinen lieben Brief. Es war der schönste und liebevollste Brief, den ich je gelesen habe. Mir ist dabei, als ihn las, so richtig warm ums Herz geworden. Mir ging es genauso wie Dir. Ich habe mich am Donnerstag am Bahnhof beim Abschied vielleicht etwas komisch benommen. Das ist davon gekommen, denn wenn ich noch länger bei Dir geblieben wäre, hätte ich bestimmt zu weinen angefangen, das wollte ich nicht. Es wäre für Dich bestimmt noch schlimmer gewesen. Es war für mich der schwerste Abschied meines Lebens. Denn ich habe jetzt jemanden gefunden, dem ich mehr vertraue als meinen Eltern oder dem Peter. Dich.

Ich konnte Deine Oma leider nicht mehr ganz nach Hause begleiten, weil sie noch etwas einkaufen wollte. Ich bin dann ganz in Gedanken versunken (ich dachte an Dich) heimgetrottet. Am nächsten Tag beschwerten sich dann einige Leute bei mir, denen ich begegnet bin, weil ich von ihnen nicht Notiz genommen und sie nicht gegrüßt habe. Der Peter ist dann am selben Abend noch zu mir gekommen und wir haben dann nur noch ein Thema gehabt (Dich!). Als der Peter dann ging, habe ich mein rotes Licht eingeschaltet und ließ die Kassette mit den Blues laufen. Du kannst Dir bestimmt vorstellen, warum. Die erste Zeit wollte es nicht so richtig gehen, weil ich die ganze Zeit an unseren Abschied denken musste. Aber darin spiegelten sich plötzlich die schönsten Stunden meines Lebens, die ich mit Dir verbracht habe, wider. Ich denke jeden Tag an die herrliche Zeit, als ich noch in Deinen Armen lag, oder an den Abend, ich glaube es war am Mittwochabend, wo wir uns gegenseitig unsere Geheimnisse anvertrauten. Ich fand es einfach ganz toll. Das, was ich Dir da erzählte, weiß bis jetzt niemand und es wird auch keiner erfahren. Hast Du es der Montse schon gesagt oder hast Du es für Dich behalten?

Es bestünde die Möglichkeit, wie ich ein paar Tage zu Dir kommen kann. Und zwar wäre es Allerheiligen und Allerseelen. Sie fallen diesmal auf Montag und Dienstag. Ich könnte dann also von Freitag bis Dienstag zu Dir kommen. Das wäre vom 29. Oktober bis 2. November. Lange ist es nicht, aber immerhin. Die einzige Schwierigkeit ist das Geld. Wenn es wenigstens eineinhalb oder zwei Wochen wären, dann sofort, aber so sind es ja nur vier Tage. Peter war heute früh bei mir und da habe ich ihn gefragt, was er davon halte, und er hat dasselbe gesagt. Wenn die Sommerferien zuerst kommen würden, dann würde ich mit meiner Maschine herunterkommen,aber leider kommt jetzt langsam das kalte und schlechte Novemberwetter. Mich zieht es genauso wie Dich zu Dir hin.

Schicke mir doch bitte so bald wie möglich ein Bild von Dir. Ich lege Deines bei.

Ich schließe nun den Brief in der Hoffnung, dass ich von meiner geliebten Ute recht bald wieder einen Brief bekomme.

Viele Grüße an Deine Eltern und an Montse. (Ich glaube, der Peter ist in sie verknallt, weil er immer so wirres Zeug faselt.)

Ein Küsschen an Susanne und Tausende an Dich! Dein in Dich verknallter Dieter

Ich liebe Dich von ganzem Herzen.

27.10.1976, Brief von Dieter an mich

Meine geliebte Ute,

ich habe Deinen Brief heute, den 27. Oktober, als ich von der Schule heimkam, erhalten. Du fragst, ob ich auch schon mal so weit gedacht hab? Es ist wirklich blöd, aber bei mir geht es auch schon die ganze Zeit so. Ich habe mir schon ein paarmal überlegt, wie das Eheleben mit Dir sein würde. Ich habe komischerweise schon über alles nachgedacht, wie wir 2 miteinander verheiratet wären (z. B. wie der Tag und die Nacht verlaufen würden). Es ist wirklich alles so komisch. Noch nie ist mir Ähnliches passiert. Du fragst wegen dem 25.?

Ich glaube, das ist der Tag, an dem wir 2 miteinander angefangen haben (stimmt's?). Als ich las, daß ihr an Weihnachten kommt, war ich voller Freude. Ich kann es kaum noch erwarten. Mein Geburtstag verlief so wie jeder andere Tag. Wir feierten überhaupt nicht, und das ist mir so auch irgendwie lieber. Ich weiß, dass ich ein komischer Mensch bin. Die anderen feiern bei jeder kleinen Gelegenheit, aber ich? Als ich in der Frühe aufstand, dämmerte es mir erst nach einer Stunde, daß ich Geburtstag habe, als mir meine Eltern gratulierten. Ich bin am Tag etwas rumgefahren und abends bin ich dann zum Peter. Er hatte meinen Geburtstag auch schon wieder vergessen und ich musste ihn darauf hinweisen. (Übrigens: Wir verstehen uns wieder recht gut miteinander!)

Ich habe auch nicht viele Sachen bekommen, meistens Geld: 1 Schachtel Pralinen, 1 Flasche Likör, Süßigkeiten und 180 DM in bar. Das freut mich natürlich am meisten.

Am Freitag kann ich Dich leider nicht anrufen, weil wir bis halb zwölf „Mittelkränzchen" haben. Es könnte höchstens am Donnerstag nach 9 Uhr gehen, okay! Der Peter fährt übrigens mit. Wenn möglich, dann kommen wir natürlich in der Frühe. Bei uns kommt die Post auch immer um diese Zeit. Bis jetzt habe ich Weihnachten noch nichts vor, aber es wird uns schon was einfallen. Der 1. Weihnachtsfeiertag ist doch der 25., stimmt's? Soweit ich denken kann, werden es dann 3 Monate Zeit, wie wir miteinander gehen. Das wird natürlich gefeiert. Es steht zu 99, 9999999999999999. % fest,

dass wir kommen. Meine Eltern finden Dich als ein ganz prima Mädchen. Bei Deinen Vorgängerinnen haben sie immer etwas gemeckert. Also mach's gut und halte noch ein paar Tage aus, bis ich komme.

Dein zu Dir bald kommender Dieter

Wie ich schon im Kapitel 4 (Beziehungswelten) schrieb, fand unsere Jugendliebe ein grausames Ende. Als Dieter zu Hause Konflikte mit seinen Eltern austrug, bot ich ihm an, vorübergehend zu mir nach Frankfurt zu kommen. Seine misstrauischen Eltern öffneten meinen Brief, als er auf Klassenfahrt war – und beschlossen, dass ihr Sohn zu mir keinen Kontakt mehr haben sollte. Mit einem demütigenden Schreiben an meine Eltern – über meinen Kopf hinweg – wurde mir meine unschuldige erste Liebe weggenommen. Und Dieter musste sich seinen übermächtigen Eltern fügen. Dennoch riss unser Kontakt nicht ganz ab. Dadurch, dass ich meinen Cousin und meine Omi regelmäßig in Ansbach besuchte, sah ich Dieter alle paar Monate im Haus meines Cousins und wir hielten heimlich den Kontakt. Ein paar Jahre später waren wir erwachsen und konnten uns von unseren erdrückenden Elternhäusern loslösen, was es uns leichter machte. So sehr mir das Ende unserer Jugendliebe damals das Herz brach, umso dankbarer bin ich, dass wir heute nicht nur Kontakt haben, sondern über die Jahre wunderbare Freunde geworden sind. Dieter ist inzwischen verheiratet und seinen Kindern ein liebevoller Vater. Und ich fühle mich geborgen und geliebt im Kreis meiner Familie. Wenn wir heute miteinander sprechen, ist zwischen uns kein Platz für Groll, Vorwürfe oder Bedauern. Stattdessen empfinden wir Dankbarkeit: Dankbarkeit für unsere vergangene Liebesgeschichte und für die Erinnerungen. Und letztendlich auch für unsere treue Freundschaft bis heute.

Autogenes Training gegen Depression und Angst

Manchmal treffen wir die Entscheidung, Hilfe zu suchen, nicht vollkommen allein. Ab einer gewissen Schmerzgrenze meldet sich unser Körper lautstark zu Wort. Bei den meisten Menschen geschieht das durch Depressionen, Angstzustände und Panikattacken. Ich selbst habe auch erlebt, wie mein Körper mir seine Grenzen aufzeigte. Nach meiner gescheiterten ersten Ehe lebte ich einige Jahre mit einem Heilpraktikerkollegen zusammen. Auch wenn ich in dieser Beziehung vieles über mich lernte, wurde sie nach ein paar Jahren zu einer Belastung für uns beide. Irgendwann machte sich das auch körperlich bemerkbar: Ich entwickelte Bluthochdruck und litt unter heftigen Erschöpfungszuständen. Sogar von einem Kardiologen ließ ich mich untersuchen. Er prüfte meine Herzmuskeln und untersuchte, ob meine Herzwände verdickt waren, was aber zum Glück nicht der Fall war. Allerdings warnte er mich: „Sie sind vollkommen erschöpft. Gehen Sie nach Hause, aber fahren Sie auf keinen Fall jetzt Auto."

Ich gehorchte. Kurze Zeit später trennte ich mich und zog mit meinem Sohn in eine eigene Wohnung. Marcel war zu diesem Zeitpunkt zehn Jahre alt. Und da passierte es zum ersten Mal: Plötzlich riss mich eine Panikattacke mit voller Wucht aus dem Schlaf. Etwas Vergleichbares hatte ich zuvor noch nie empfunden. Mir war nicht einmal bewusst, wie ein so starkes

Gefühl möglich sein konnte. Meine Panikattacken fühlten sich an, als würde man eine Schere von unten nach oben zuklappen. Es wurde immer enger.

Ich dachte, ich müsste sterben. Anders als die meisten verfügte ich natürlich über die richtigen Werkzeuge zur akuten Selbsthilfe. Also wandte ich Autogenes Training an. „Verdammt noch mal, Ute, konzentriere dich! Du schaffst das." Ruhe, Schwere, Wärme. Ruhe, Schwere, Wärme. Ruhe, Schwere, Wärme … Innerhalb von ein paar Minuten gelang es mir, diesen Krampf selbst zu lösen. Hinterher saß ich im Bett und zitterte am ganzen Körper. Ich glaube, ich hätte nicht einmal ein Wasserglas in der Hand halten können, so angespannt war meine Muskulatur.

Es ist schwer, Panikattacken gegen Angstzustände abzugrenzen. Als Therapeutin habe ich die Erfahrung gemacht, dass die Übergänge manchmal fließend sind. Viele meiner Klienten haben schon beides erlebt. Die körperlichen Symptome – Herzrasen, Übelkeit, Schnappatmung und eine verkrampfte Muskulatur – ähneln sich bzw. sind sogar in vielen Fällen identisch, was die Unterscheidung noch schwieriger macht. Diese physischen Reaktionen sind so stark, dass sie manche Betroffene in Todesangst versetzen. Jedoch kann man sagen, dass Panikattacken häufiger aus dem Unbewussten kommen. Manche, die das zum ersten Mal erleben, wissen gar nicht, dass sie eine Panikattacke durchmachen, weil sie nur die körperlichen Symptome wahrnehmen. Eine Panikattacke muss nicht durch ein bestimmtes Ereignis oder einen Gedanken ausgelöst werden. Plötzlich tritt sie auf und überrollt einen Menschen durch die körperlichen Symptome. Angstzustände dagegen sind insofern leichter zu fassen, weil man sie meistens auf einen konkreten Auslöser zurückführen kann. Betroffene wissen, wovor sie sich fürchten und warum sie sich so fühlen. So entsteht oft ein Vermeidungsverhalten: Sie versuchen, den Ängsten im Alltag aus dem Weg zu gehen, wodurch sich diese erst recht verstärken. Typische Ängste sind zum Beispiel die Angst vor Menschenmengen, die Angst vor dem Autofahren oder die Angst, das Haus zu verlassen. Sehr häufig isolieren sich Menschen, die unter Angstzuständen leiden, selbst von ihrem sozialen Umfeld, da Scham in dieser Hinsicht eine große Rolle spielt.

Die Depression dagegen kommt einem Erstarrungsmoment gleich. Ihre Traurigkeit ist jedoch nur der Deckel starker Wut. In meiner Praxis erkläre ich meinen Klienten stets, dass Wut ein menschliches Grundgefühl und nichts Negatives ist. Wut ist die Quelle unserer Kraft! Sie ermöglicht es uns, Nein zu sagen und uns von anderen Menschen abzugrenzen. Lassen wir sie nicht heraus, blockiert sie unseren Lebensfluss. Gerade Menschen, die schwer depressiv sind oder in der Vergangenheit Missbrauch erlebt haben, sind von ihrer Wutempfindung abgekoppelt. Deswegen haben sie auch ein höheres Risiko, von anderen Menschen ausgenutzt zu werden: Ohne den Kontakt zur Wut können sie keine Grenzen aufzeigen oder gegen Ungerechtigkeit protestieren. Meistens haben sie in ihrer Kindheit und Jugend die Erfahrung gemacht, weder gesehen noch respektiert zu werden. Diese Kränkung in der frühen Biografie führt dazu, dass sie sogar als Erwachsene noch mit ihrem Selbstwert kämpfen. Im schlimmsten Fall entwickeln diese Menschen Narzissmus, um das Defizit zu kompensieren. Zudem befähigt uns die Wut dazu, unseren Antrieb aufrechtzuerhalten und Herausforderungen zu meistern. Deswegen leiden depressive Menschen so oft unter Antriebslosigkeit – ohne Wut gibt es auch keine Motivation. Letztendlich müssen wir alle einen gesunden Weg finden, die Wut als Grundgefühl anzunehmen und zu einem Teil von uns zu machen. Eine Hilfestellung ist dabei das Autogene Training. Es kann so viel mehr als nur beruhigen oder beim Einschlafen helfen. Vor allem befreit es in kurzer Zeit einen Menschen aus der akuten Krisensituation.

Wut nicht auszudrücken kann böse enden. Manche Menschen, die als Kinder nicht gelernt haben, mit Wut umzugehen, lernen es auch als Erwachsene nicht. Im schlimmsten Fall werden sie zu Cholerikern oder Gewalttätern. Anstatt Wut auf gesunde Weise zu artikulieren, erleben sie eine gesteigerte Form davon – den Jähzorn. Anders als die Wut ist der Jähzorn kein Grundgefühl und tut niemandem gut. Choleriker und Gewalttäter haben ihn nicht unter Kontrolle: Regelrecht willkürlich richtet er sich gegen sich selbst und gegen andere Menschen, und schon kleine Auslöser können zur Katastrophe führen. Andere Menschen, denen ein gesunder Umgang mit Wut fehlt, gehen den entgegengesetzten Weg und richten den Jähzorn ausschließlich gegen sich selbst: So neigen sie zur Selbstabwertung und verletzen sogar sich selbst. Doch egal, welchen Weg man auch geht – Jähzorn verschwindet nicht, wenn man ihn gegen sich selbst oder gegen andere richtet. Denn nach wie vor durfte die Wut als Grundgefühl nicht in die Welt gebracht werden.

Wut auf die gesunde Art auszudrücken bedeutet, weder sich selbst noch einem anderen zu schaden! Sport ist eine hervorragende Möglichkeit, Wut in Kraft umzuwandeln. Dafür muss man kein Leistungssportler sein – es kann schon helfen, eine Runde zu sprinten oder am Boxsack zu trainieren. Wenn jemand die Wut zu viele Jahre verdrängt, wird es schwierig. Einst eine lebendige Grundemotion, verwandelt sie sich mit der Zeit in Missgunst und Bitterkeit. Missgünstige oder verbitterte Menschen tragen nicht gelebte, verkrustete, geballte Aggression in sich.

Nichts bewegt sich mehr, das Innenleben ist blockiert und daher sehr schmerzhaft. Auch körperlich kann sich diese Verhärtung manifestieren: durch Gallensteine. In der Psychosomatik werden Gallensteine meistens auf unterdrückte Wut zurückgeführt. Fließt die Wut nicht mehr, ist auch der Fluss der Galle blockiert. Ein gutes Beispiel dafür ist meine Mutter. In der Ehe mit meinem Vater wurde sie täglich gedemütigt und fraß die Frustrationsgefühle in sich hinein. Vollkommen verbittert litt sie unter Gallensteinen; auch sie konnte ihre Wut nicht einfach verdrängen.

Gerade in der Kindererziehung sollte man diese ungesunden Verhaltensmuster nicht weitergeben. Ich sage immer: „Wer sein Kind schlägt, schlägt eigentlich sich selbst." In autoritären Erziehungsmodellen wird die Wut als etwas Schlechtes begriffen. Kinder werden nicht dazu angehalten, ihre Wut auf gesunde Art und Weise zu artikulieren. Stattdessen unterdrückt man dieses Gefühl durch Bestrafungen. So lernt das Kind: „Ich muss so sein, wie meine Eltern es wollen. Meinen Eltern soll es gut gehen. Wie es mir geht, ist weniger wichtig." Das eigene Selbst, das ganz natürliche Lebensimpulse ausstrahlt, wird unterdrückt. Kinder folgen der Liebe, es liegt in ihrer Natur. Wenn Fügung mit Liebe belohnt wird, lernen Kinder nichts anderes, als sich kleinzumachen und die eigenen Grenzen zu missachten. Einige dieser Kinder entwickeln große Verlassensängste – „Wenn ich nicht gehorche, werde ich im Stich gelassen" – und verhalten sich unterwürfig. Andere werden passiv-aggressiv. Aber wie soll es auch anders sein, wenn man nie gelernt hat, zu sagen „Ich habe Angst" oder „Ich bin wütend"?

Auch ich erlebte meine Kindheit im Schatten meines jähzornigen Vaters. Als junges Mädchen war ich ängstlich und unterwürfig. Die pubertäre

Rebellion setzte bei mir erst spät ein. Ich kann mich aber gut an einen Schlüsselmoment erinnern: Es war der erste Augenblick, in dem ich mich bewusst gegen eine Erwachsene auflehnte. Damals war ich sechzehn Jahre alt und hatte in der Schule eine sehr strenge Religionslehrerin. Frau Schwärmer war sehr verhärmt, sehr konservativ und forderte von der Klasse jede Stunde die gleiche Routine ein: Sobald sie zur Tür hereinkam, mussten wir alle aufstehen und sie im Chor begrüßen. Anschließend mussten wir die Hände falten und gemeinsam beten. Schon damals widerstrebte es mir, auf Befehl zu beten – das widersprach meiner Vorstellung vom Glauben. So blieb ich eines Tages, als sie zur Tür hereinkam, einfach sitzen. Ich hatte erwartet, sie würde aus der Haut fahren, stattdessen blickte sie mich nur konsterniert an. So machte ich zum ersten Mal die Erfahrung, dass Auflehnung nicht automatisch damit einhergeht, gedemütigt und wieder kleingehalten zu werden. Ich dachte: „Es lohnt sich, für mich einzustehen und meine Grenzen aufzuzeigen." An diesem Tag war ich unheimlich stolz auf mich, denn zum ersten Mal hatte ich nicht getan, was von mir erwartet wurde. Und es fühlte sich gut an.

Depression, Angst und Panikattacken in leichter bis mittlerer Form lassen sich durch Autogenes Training oder Hypnose gut behandeln. Doch Vorsicht – schwere psychische Erkrankungen erfordern den Besuch beim Psychiater. Die entscheidende Frage ist: Könnte die betroffene Person eine Gefahr für sich oder für andere darstellen? Gerade wenn Betroffene suizidal sind, sind Psychopharmaka und/oder der Aufenthalt in einer Klinik notwendig. Psychopharmaka können eine erschütterte Seele stabilisieren und sogar Leben retten. Manchen Menschen, die schwere psychische Erkrankungen haben, ermöglichen sie einen weitgehend normalen Alltag. Allerdings gibt es Nachteile, denn mit der Einnahme von Psychopharmaka verändern sich auch die Emotionen. Bestimmte Methoden der Bewusstseinsarbeit wie die Hypnose sind unter Einnahme von Psychopharmaka eingeschränkt, aber möglich. Natürlich nehmen auch einige meiner Klienten Psychopharmaka. Dann spreche ich mit ihnen darüber, welche Wege wir trotzdem miteinander gehen können. Ein Klassiker ist hier das Autogene Training.

Aber was genau hat es mit Autogenem Training auf sich? Autogenes Training bedeutet „aus sich selbst heraus Geübtes". Entwickelt wurde es von Dr. Johann Heinrich Schultz. Er wurde 1884 in Göttingen geboren und arbeitete ab 1915 als habilitierter Neurologe und Psychiater in Jena. In seiner Forschung betonte er stets die psychophysische Einheit des Menschen, also das Zusammenspiel von Körper und Psyche. So forschte er stets, welche seelischen Veränderungen körperliche Symptome hervorbringen und umgekehrt. Im Rahmen seiner hypnotischen Studien befragte er seine Patienten genau, wie sie den Zustand der Hypnose empfanden. Alle schilderten dasselbe: Wärme und Schwere in allen Gliedmaßen, ruhiger Herzschlag und gleichmäßige Atmung, ein Gefühl der Entspannung und Müdigkeit. Angst weicht der Ausgeglichenheit. So machte sich Schultz die psychophysische Einheit des Menschen zunutze und entwickelte daraus ein Programm der Hilfe zur Selbsthilfe. Zuerst nannte er es „konzentrative Selbstentspannung". Heute sagt man „Autogenes Training" dazu.

Ziel ist es, durch regelmäßiges Einüben fester Formeln innere Ruhe zu erreichen: Körper, Seele und Geist sind im Einklang. Von einem ergotropen, aktivitätsgerichteten Zustand kannst du dich in einen trophotropen, erholenden Zustand des Organismus bringen. Falls dir

„Konzentration" und „Entspannung" wie Gegensätze vorkommen, stelle dir das Autogene Training als „Hinlenken der Aufmerksamkeit" auf die körperlichen Funktionen vor. Beherrschst du Autogenes Training, kannst du es unabhängig von Ort und Zeit ausführen. Aber als Anfänger solltest du dir zunächst ein Umfeld frei von äußeren Reizen schaffen. Es ist in etwa so, wie wenn du schwimmen lernst: Da würdest du auch nicht sofort ins tiefe Wasser springen, sondern erst im Nichtschwimmerbereich üben. Ein Umfeld frei von Reizen bedeutet: Schalte das Telefon aus, suche dir einen ruhigen Raum oder vielleicht einen Lieblingsplatz. Trage unbedingt bequeme Kleidung! Außerdem möchte ich dir ans Herz legen, als Anfänger das Autogene Training in einem Kurs oder mit einem Therapeuten zu erlernen. Sobald du die Grundlagen beherrschst, kannst du allein weitermachen.

Im Autogenen Training gibt es drei Übungshaltungen. Die erste ist der „Droschkenkutscher". Johann Heinrich Schultz wurde damals in Berlin zu dieser Haltung inspiriert, weil er Droschkenkutscher beobachtete, die bei ihrer Arbeit eine sehr entspannte Sitzhaltung einnahmen. In dieser Position konnten sie sogar schlafen, ohne umzukippen. Das liegt daran, dass weder Muskelkraft noch eine Rückenlehne nötig ist, um die Stabilität zu erhalten. Wenn du diese Haltung einnehmen willst, musst du auf einem harten Stuhl oder Hocker üben. Verwende dabei kein Sitzkissen! Rutsche auf der Sitzfläche des Stuhls zehn bis zwanzig Zentimeter nach vorn und lasse dich langsam in deinen unteren Rücken hineingleiten. Dabei wird die Lendenwirbelsäule leicht eingeknickt, sodass du sowohl entspannt als auch stabil sitzt. Deine Schultern verbleiben senkrecht über der Sitzfläche. Die Unterarme liegen locker auf den Oberschenkeln, sie dürfen auf keinen Fall deinen Oberkörper stützen. Die Beine sind hüftbreit, leicht gespreizt und stehen ca. in einem 90-Grad-Winkel auf dem Boden. Den Kopf kannst du in Verlängerung der Wirbelsäule leicht hängen lassen. Die Droschkenkutscherhaltung erfordert etwas Geduld und Fingerspitzengefühl. Sei also nicht frustriert, wenn dir die stabile Haltung nicht sofort perfekt gelingt. Dabei kann dir auch der Kursleiter oder die Kursleiterin helfen.

Von dieser Droschkenkutscherhaltung kannst du dich in die sogenannte „Flegelhaltung" begeben. Diese besteht darin, dass du dich im Stuhl lässig zurücksinken lässt. Deinen Kopf lehnst du entweder an die Rückenlehne an oder du lässt ihn leicht hängen. Deine Arme ruhen auf den beiden Armlehnen, der Winkel deiner Knie beträgt etwas mehr als 90 Grad.

Zum Schluss kommt die „Liegehaltung". Dabei liegst du auf dem Rücken, im Nacken ein kleines Kissen oder eine Rolle. Deine Beine sind locker ausgestreckt und ein wenig gespreizt, dabei zeigen die Fußspitzen nach außen. Die Knie kannst du durchstrecken. Noch besser ist es, wenn du ein Kissen oder eine Rolle unter deine Kniekehlen schiebst, da die Muskulatur bei leicht gebeugten Knien entspannter ist als bei gestreckten. Die Arme liegen seitwärts neben dem Körper, die Ellenbogen leicht angewinkelt. Alternativ kannst du die Hände auch auf den Bauch oder auf die Oberschenkel legen.

Wenn du dich mit den verschiedenen Haltungen vertraut gemacht hast, ist es an der Zeit, die Ruhetönung und die Rücknahme zu üben. Erst danach kannst du die sechs Formeln des Autogenen Trainings lernen. Aber was sind Ruhetönung und Rücknahme? Diese sind vergleichbar mit Schaltern, die dich in den Ruhe- und in den Wachzustand versetzen.

Wenn du diese Routine verinnerlicht hast, kannst du dich selbst in die Hypnose versetzen und wieder zurücknehmen. Selbsthypnose erreichst du aber nur dann, wenn du Ruhetönung und Rücknahme über einen Zeitraum von einer Woche regelmäßig übst!

Autogenes Training ist ein Programm mit festgelegtem Ablauf, keine intuitive Entspannung oder Meditation. Hast du dich entweder in die Droschkenkutscherhaltung, die Flegelhaltung oder die Liegehaltung begeben, schließt du die Augen und stellst dich auf die Ruhetönung ein: „Ich bin ganz ruhig." Sprich dabei mit dir sanft und liebevoll. Es ist wichtig, dass du selbst dir die Anweisungen gibst, da dein Körper sich auf deine eigene Stimme konditionieren muss. Der Satz ist nicht dazu da, um dich unter Druck zu setzen. Zu sagen „Ich bin ganz ruhig" bedeutet nicht, dass du dich ausgeglichen fühlen musst. Aber du nimmst eine ruhige Körperhaltung ein und begibst dich damit in eine Einstellung des Autogenen Trainings. Die Anweisung „Ich bin ganz ruhig" ist vergleichbar mit einem Einschaltknopf. Die Rücknahme dagegen ist ein Impuls, den der Körper erst lernen muss. Deswegen wird er zu Beginn des Autogenen Trainings durch leichte Übertreibung deutlich gemacht, damit im Gehirn ein Reflexbogen entstehen kann und es ganz intuitiv funktioniert. Auf die Ruhetönung folgt die Rücknahme, das bedeutet, du holst dich aus dem Ruhezustand in den Wachzustand. Es ist eine bewusste Entscheidung, dich vom passiven in den aktiven Zustand zu versetzen. So sprichst du zu dir in liebevollem Befehlston:

„Arme fest. Tief atmen. Augen auf!" Ruhetönung und Rücknahme übst du eine Woche lang dreimal täglich jeweils eine Minute lang.

Schließlich lernst du die erste Formel des Autogenen Trainings. Diese übst du ebenfalls eine Woche lang dreimal täglich. Jede Woche kommt eine neue Formel dazu, bis du mit allen sechs Formeln vertraut bist. Am Ende hast du das Programm verinnerlicht und kannst es eigenständig abrufen.

Mit der Anweisung „Ich bin ganz ruhig“ steigst du ein und beginnst mit den sechs Formeln:

1. „Mein rechter Arm ist schwer.“

2. „Mein rechter Arm ist warm.“

3. „Meine Atmung ist ruhig und regelmäßig. Es atmet mich.“

4. „Mein Herz schlägt ruhig und kräftig.“

5. „Sonnengeflecht strömend warm.“

6. „Stirn angenehm kühl.“

Schließlich bringst du dich zurück in den Wachzustand, indem du dir befiehlst: „Arme fest. Tief atmen. Augen auf!“ Nach zwei Monaten bist du kein Einübender mehr, sondern ein Ausübender. Solange du noch Einübender bist, ist es hilfreich, jede Formel fünf- bis sechsmal auszusprechen. Später reichen die verkürzten Formeln: „Ruhe. Schwere. Wärme. Atmung. Herz. Sonnengeflecht. Stirn. Augen auf!“ oder noch kürzer: „Ruhe, Schwere, Wärme.“ Es gilt jedoch immer: Die Übung darf maximal zwei bis drei Minuten dauern!

Falls du Autogenes Training als Einschlafhilfe verwenden möchtest, beachte bitte Folgendes: Mit der Stirnübung und der Rücknahme gerät ein Mensch wieder in den aktiven Wachzustand. Vor dem Einschlafen wäre das aber kontraproduktiv. Deswegen solltest du beim Autogenen Training vor dem Schlafengehen die Stirnübung und die Rücknahme weglassen. Nach der Sonnengeflechtübung kannst du dich einfach friedlich zur Seite rollen und einschlafen. Der Schlaf erledigt auf natürliche Weise den Rest und löst die Hypnose ab. Wenn du am Morgen erwachst, ist die Rücknahme bereits geschehen. Du befindest dich nicht mehr in einem hypnoiden Zustand und kannst wie gewohnt ausgeruht und konzentriert den neuen Tag beginnen.

Autogenes Training ist Selbsthypnose. Es ruft keinen Wunsch-, sondern einen Ist-Zustand ab. Das Gute daran ist, dass du so die Funktionen deines Körpers, die sonst unbewusst gesteuert werden, wahrnimmst und mehr Autonomie gewinnst. Wenn du dir zum Beispiel sagst: „Mein Arm ist schwer“, sollst du dir nicht ausmalen, dass zahlreiche Gewichte auf deinem Arm liegen. Es geht darum, das Eigengewicht deines Arms zu spüren. Wie schwer ist dein Arm? Weißt du es? Wenn du sagst: „Mein Arm ist ganz warm“, sollst du dir auch nicht vorstellen, dass dein Arm vor Hitze glüht. Rufe den Ist-Zustand ab und konzentriere dich auf deine Eigenwärme. Jeder gesunde Mensch hat eine Körpertemperatur von ca. 37 Grad, das entspricht einer wohligen Bettwärme. Auch wenn du sagst: „Meine Atmung ist ruhig und regelmäßig, es atmet mich“ oder „Mein Herz schlägt ruhig und kräftig“, sollst du weder langsamer atmen noch den Rhythmus deines Herzschlags verändern wollen. Es geht darum, dir den Prozess wieder bewusst zu machen. Beim Autogenen Training weiten sich die Kapillargefäße, sodass das Schwere- und Wärmegefühl sich als natürliche Reaktionen einstellen. „Sonnengeflecht strömend, warm.“

Denke daran, wie viele Nervenbahnen sich zwischen Brustbein und Bauchnabel treffen! Das Sonnengeflecht wird auch oft „Bauchhirn" genannt. Kinder zum Beispiel projizieren sehr viel auf den Bauch und sagen „Ich habe Bauchweh", wenn sie sich mit einem Konflikt herumschlagen und es nicht anders ausdrücken können. Manchmal zeigen sie auf ihren Bauchnabel und dann auf ihre Stirn. Aber wieso die Stirn? Es ist der Wechsel vom Unbewussten zum Bewussten. Diesen Weg gehen wir auch im Autogenen Training. „Stirn angenehm kühl." – „Arme fest. Tief atmen. Augen auf!" Der Reflex aktiviert den Sympathikus und bringt dich wieder in den Wachzustand. Dein Nervensystem versteht diese Botschaften – der Reflexbogen in deinem Gehirn funktioniert.

Beim Erlernen des Autogenen Trainings können Störungen auftreten. Das ist aber nichts Schlechtes – im Gegenteil. Wenn etwas wehtut oder sich unangenehm anfühlt, ist das die Gelegenheit, genauer hinzuschauen und einzelne Formeln an deine Bedürfnisse anzupassen. Sprich dafür am besten mit jemandem, der mit Autogenem Training als Entspannungstechnik und verhaltenstherapeutischer Methode vertraut ist, zum Beispiel mit einem Kursleiter oder einem Therapeuten. Wenn du beispielsweise in der Vergangenheit Herzprobleme hattest, könntest du den Satz „Mein Herz schlägt ruhig und kräftig" als unangenehm empfinden. In diesem Fall könntest du die Formel geringfügig abändern: „Es pulst regelmäßig." So kannst du die Aufmerksamkeit umlenken und dennoch die Funktionen deines Körpers genau wahrnehmen. Schmerzen oder unangenehme Erinnerungen musst du nicht einfach ertragen.

Durch Autogenes Training bahnt sich im Gehirn ein Reflexbogen zwischen Sympathikus und Parasympathikus. So kannst du dir Kontrolle über dein

Nervensystem zurückholen und beliebig vom aktiven in den passiven Zustand wechseln. Sympathikus und Parasympathikus sind Gegenspieler; in einem gesunden Körper halten sie einander im Gleichgewicht. Das menschliche Nervensystem ist in das zentrale, das periphere und das vegetative Nervensystem unterteilt. Das zentrale Nervensystem besteht aus Gehirn und Rückenmark, es verarbeitet unter anderem die Reize der Außenwelt und verbindet so Körper und Umwelt. Das vegetative Nervensystem dagegen reguliert vor allem Atmung, Blutkreislauf, Stoffwechsel, Wasser- und Wärmehaushalt sowie die quergestreifte Muskulatur. Die Arbeit des vegetativen Nervensystems geschieht unbewusst. Wir haben ein Atemzentrum, das wir nur bis zu einem gewissen Grad bewusst steuern, weil eigentlich unser Nervensystem diese Aufgabe übernimmt. In Arbeitsphasen, das heißt unter Stress und Anspannung, überwiegt der Sympathikus-Anteil des vegetativen Nervensystems, während der Parasympathikus für die Erholungsphasen zuständig ist. Autogenes Training verbessert die Erholungsfähigkeit und verringert die Schmerzwahrnehmung, weil die Konzentration auf andere Stellen des Körpers umgeleitet wird.[11] Auch vor Prüfungen kann ich es sehr empfehlen, weil die Konzentrationsfähigkeit dadurch gesteigert wird. Sicher wäre es auch sinnvoll, Autogenes Training an Schulen und Unis in den Lehrplan mit aufzunehmen.

11 Weiterführende Literatur: Kraft, Hartmut: Autogenes Training. Methodik, Didaktik und Psychodynamik, 2. Aufl., Stuttgart 1989.

Leben, Tod und das Dazwischen eine Verarbeitung

Als ich sieben Jahre alt war, wurde ich Zeugin davon, wie mein Vater einen Magendurchbruch erlitt. Natürlich kam das nicht aus heiterem Himmel. Einige Zeit zuvor hatte er sich mit einem Magengeschwür herumgeschlagen und auch Blut in seinem Stuhl gehabt. Ich erinnere mich, wie er ins Bad gehen wollte und einfach mitten im Flur zusammenbrach. Auf einmal hatte ich furchtbare Angst und schrie wie am Spieß. Hätte es damals nicht Vitamin K als neue Form der Therapie gegeben, wäre mein Vater wohl daran gestorben. Er überlebte, doch dieses Ereignis hat sich seitdem in mein Gedächtnis eingebrannt. Nie vergessen werde ich die Angst, die ich in diesem Moment empfand – die Angst um meinen Vater, aber auch die Angst vor dem Tod an sich.

Dieses Ereignis war meine erste, aber nicht meine letzte Konfrontation mit dem Tod in meiner Kindheit und Jugend. Eines Abends stritten sich meine Eltern heftig. Da griff mein Vater nach einem dreizackigen Hocker, hob ihn weit über seine Schultern und wollte ihn wirklich meiner Mutter auf den Kopf schlagen. Gott sei Dank war mein Onkel da, um meine Mutter zu retten: Er packte meinen Vater von hinten und riss ihm den Hocker aus der Hand, bevor etwas Schlimmes geschehen konnte. Es gab einige Situationen, in denen mein Onkel seine schützende Hand über uns hielt.

Mein Vater und mein Onkel hatten beide eine schlimme Kindheit erlebt. Ihre Mutter, meine Frankfurter Oma, musste viel arbeiten, während der Vater sich stets aus seiner Verantwortung zog. Ständig war er als Maler unterwegs und hatte Affären. So wuchsen mein Vater und mein Onkel hauptsächlich bei ihrem Großvater auf. Mein Urgroßvater aber war ebenfalls sehr gewalttätig. Auch wenn ich es nicht mit Sicherheit weiß, glaube ich, dass er meinen Vater in seiner Kindheit missbrauchte. Wenn die Mutter der beiden Brüder doch einmal zu Hause war, bevorzugte sie meinen Onkel und zeigte meinem Vater die kalte Schulter. Meine Großmutter war eine seltsame Frau. Zwar lernte ich sie noch kennen, fand aber nie wirklich eine Verbindung zu ihr. Sie war kalt und konnte anderen Menschen keine wahre Zuneigung zeigen.

Zu meinem Onkel jedoch hatte sie eine seltsame Beziehung. Lange Zeit führte er ein Junggesellenleben und lebte sogar noch als erwachsener Mann bei ihr zu Hause. Ich erinnere mich, wie ich die beiden einmal besuchte und er im Wohnzimmer auf mehreren übereinandergestapelten Matratzen ruhte. Sozusagen ein sprichwörtlicher Prinz auf der Erbse, und so behandelte sie ihn auch. Heute noch verblüfft mich, wie sehr mein Vater und mein Onkel sich voneinander unterschieden: Mein Vater war narzisstisch geprägt und kämpfte mit seinem Selbstwert. Diesen Mangel kompensierte er mit seiner despotischen Seite. Mein Onkel dagegen zeigte nie irgendwelche Anzeichen einer gewalttätigen Veranlagung. Stattdessen nahm er das Leben auf die leichte Schulter, spielte viel, feierte gerne und war ein Lebenskünstler. Auf der anderen Seite war er sehr fleißig und blieb nie untätig. Frauen mochten ihn. Obwohl mein Vater und mein Onkel beide aus der gleichen düsteren Kindheitsgeschichte kamen, hatten sie doch völlig Verschiedenes daraus gemacht.

Die Angst um meine Mutter war in meiner Kindheit stark präsent. Das Schlimmste daran: Sie war absolut begründet. Der Vorfall mit dem dreizackigen Hocker war traumatisch, aber leider kein Einzelfall. Der Jähzorn meines Vaters führte immer wieder zu extremen Situationen, in denen meine Mutter in Lebensgefahr schwebte. Ein Teil von mir fürchtete sich jeden Tag davor, sie durch einen gewalttätigen Angriff für immer zu verlieren. Besonders knapp kam sie mit dem Leben davon, als mein Vater hinter ihre größte Lebenslüge kam: 25 Jahre lang hatte meine Mutter eine Affäre. Im Rückblick kann ich kaum glauben, dass sie dieses Verhältnis so lange vor meinem Vater geheim halten konnte. Es mag seltsam klingen, aber: Ein Stück weit war das auch ihre Rettung. Ich bin mir sicher: Ohne diese Affäre wäre sie viel früher an den Schikanen meines Vaters zerbrochen. Doch wie so viele Geheimnisse flog auch dieses auf. Eines Tages klingelte bei uns zu Hause das Telefon. Mein Vater stieg aus dem Bad und nahm splitterfasernackt den Hörer ab. Am anderen Ende war die Frau des Mannes, dessen Existenz meine Mutter so lange verheimlicht hatte. Plötzlich brach mein Vater in Tränen aus. Ich wusste natürlich noch nicht, was los war, und erschrak zutiefst. War das wirklich mein Vater, der da so haltlos schluchzte? Als meine Mutter aufflog, entschloss sie sich, mit diesem anderen Mann zusammenzuziehen. An jenem Abend konnte ich mit niemandem sprechen. So blieb mir nichts anders, als meine Verzweiflung in meinem Tagebuch auszudrücken:

28.04.1977

Wir haben Donnerstag, 21:27 h. Leider muß ich mein Tagebuch mit einer sehr traurigen Nachricht eröffnen: Meine Eltern leben in Scheidung! Ich kann es immer noch nicht fassen. Ich liebe meine Mutter über alles, und ich hätte auch nie gedacht, sie würde mal von uns gehen! Aber sie hat einen triftigen Grund: Sie liebt einen anderen Mann! Und ich kann meine Mutter auch sehr gut verstehen. Dieser Mann gibt ihr das alles, was sie bei meinem Vater vermisst hat. Ich weiß auch genau, daß nur allein mein Vater die Schuld hat, daß meine Mutter so gehandelt hat. Aber mein Vater will es einfach nicht einsehen. Er ist gekränkt in seinem männlichen Stolz. Das ist ganz klar. Aber dann so gemein sein und der Mutti alles in die Schuhe schieben, ist unfair von ihm. Er liebt Mutti, aber falsch. Er liebt sie egoistisch. Und eine egoistische Liebe kann kein Mensch vertragen und aushalten. Aber Vati sagt, wenn ich nicht zu ihm halten würde, könnten wir nicht zusammenleben. Dann müßte ich mit Mutti und dem „Vorgartenzwerg" (so nannte er Muttis geliebten Mann) leben. Ich will zu Mutti, aber ich habe Angst um Vati, daß er dann durchdreht. Und wenn er dann daran gestorben ist, bin ich die Schuldige daran. Und mit diesem Gedanken zu leben ist furchtbar! Ich bin in einer Zwickmühle! Ich kann weder vor noch zurück! Was soll ich tun? Ach, wäre doch jetzt Dieter hier. Dann könnte ich über diese Dinge viel leichter hinwegkommen. Ich meine, Montse hilft mir auch, so gut sie kann, und ohne sie wäre ich verloren. Aber bei Dieter ist das wieder eine ganz andere Sache. Ich bin gespannt, wie das alles noch werden soll! Ich habe Angst davor! Bitte, lieber Gott, stehe auf meiner Seite!

Die Situation war schwer auszuhalten. Ich hatte Verständnis für meine Mutter, aber gleichzeitig auch Angst, was geschehen würde, wenn sie dauerhaft fernbliebe. Dieser andere Mann war ihre große Liebe. Doch als er ihr sagte, er würde weder mich noch meine Schwester bei sich aufnehmen, zerbrach ihr Traum von einem besseren Leben. So verließ sie ihn und wollte wieder nach Hause kommen. Vielleicht war es ihr gebrochenes Herz, das sie vergessen ließ, welche Gefahr in diesem Moment von meinem Vater ausging. Auf dem Schrank oben lag ein Totenschläger. Er wollte sie erschlagen in jenem Moment, in dem sie zur Tür hereinkommen würde. Ich warnte sie, doch sie erwiderte nur: „Der macht mir nichts, hab keine Angst.“ Sie kam mit dem Leben davon – doch diese Bilder werde ich nie aus dem Kopf bekommen.

Seit jenen düsteren Tagen sind viele Jahre ins Land gegangen. Inzwischen bin ich nicht nur dem Tod, sondern auch dem Leben auf völlig verschiedene Arten begegnet. Ich habe sechs Kinder verloren, aber auch meinen Sohn auf die Welt bringen und großziehen dürfen. Mein Vater verstarb plötzlich, von einem Tag auf den anderen, ohne dass wir uns noch einmal aussprechen konnten. Ich durchlebte einige turbulente Beziehungen. Dann lernte ich meinen Mann kennen. Zusammen gingen wir durch wunderbare und auch durch schreckliche Zeiten: Vor allem seine schwere Erkrankung war eine Belastung. Doch unser gegenseitiges Vertrauen trug uns durch diese Zeit. Mein Sohn ist inzwischen erwachsen. Manchmal kann ich kaum fassen, wie viel Zeit vergangen ist und was er Tolles aus seinem Leben gemacht hat. Auch meine Schwiegertochter und meine wunderbare kleine Enkelin bringen so viel Licht in mein Leben. Hätte ich damals als junges Mädchen ahnen können, was für eine liebevolle Familie ich einmal selbst haben würde?

Ich habe mich selbst in die Welt gebracht und führe ein Leben im Licht. Der Schatten ist da, doch anders als in meiner Jugend überwiegt er nicht mehr. Ein Schatten, der mich aber seit Jahren begleitet, ist der Krebs und die Veränderungen, die er für Angehörige mit sich bringt. In meiner Familie kommen Krebserkrankungen leider häufig vor. Zwei Tanten und meine Lieblingscousine habe ich bereits vor Jahren an den Brustkrebs verloren. Mit meinem Cousin blieb ich stets stark verbunden, weil wir als Kinder viel Zeit zusammen verbrachten und er eine meiner liebsten

Freundinnen geheiratet hat. Petra und er bekamen ein Kind, Fabian. Ich war seine Patentante. Eines Abends entdeckte der Kleine am Fenster einen Nachtfalter. Ich erinnere mich noch genau, wie sehr ihn das Tier faszinierte. Als Fabian zweieinhalb Jahre alt war, entdeckten Ärzte einen Tumor in seiner Wirbelsäule. Obwohl Fabian sofort operiert wurde, konnte der Tumor nicht gänzlich entfernt werden. Zu aggressiv breitete er sich aus, und kurze Zeit später war Fabian am ganzen Körper gelähmt. Für Petra und Peter war es eine unfassbar schwere Zeit.

Eines Abends, ich war noch mit meinem Heilpraktikerkollegen zusammen, kommunizierten wir mit Fabian über Augenzeichen. Einmal blinzeln bedeutete Ja, zweimal blinzeln Nein. Ich fragte ihn: „Erinnerst du dich noch an den Nachtfalter damals?" Er blinzelte. „Möchtest du mit dem Nachtfalter davonfliegen?" Er blinzelte erneut. Wir waren sehr ergriffen. Peter und Petra entschlossen sich vor Fabians drittem Weihnachten, ihren Sohn aus dem Krankenhaus nach Hause zu holen. Während der Feiertage verabschiedete sich Fabian von dieser Welt. Er starb friedlich in den Armen seiner Eltern. Ich begleitete Petra und Peter, unterstützte sie, wie ich nur konnte. Petra ist Krankenschwester, somit hatte sie ein anderes Verhältnis zum Tod als die meisten. Anstatt zu verdrängen, sprach sie nach Fabians Abschied intensiv mit ihren engsten Vertrauten über den Verlust, auch mit mir. Ein paar Jahre später wurde sie wieder schwanger. Als ihr zweiter Sohn zur Welt kam, wurden meine alte Jugendfreundin Montse und ich Sebastians Patinnen. Durch ihre Tapferkeit und ihre Selbstreflexion konnte Petra dennoch Vertrauen haben und ihrem zweiten Sohn eine starke Mutter sein. Eine Zeit lang nahm sie auch therapeutische Hilfe in Anspruch, um ihre Verlustangst nicht auf ihn zu übertragen. Heute ist Sebastian ein gesunder, liebenswerter junger Mann und geht seinen eigenen Weg. Peter und Petra sind für mich ein Beispiel dafür, dass Verluste uns zwar auseinanderreißen können, dass wir Menschen aber dennoch in der Lage sind, uns wieder zusammenzusetzen.

Das Schicksal, das schon zwei Tanten und meine Lieblingscousine ereilt hatte, traf letztendlich auch meine Mutter: Mit 63 Jahren erkrankte sie an Brustkrebs. Nach der Diagnose blieben ihr noch fünf Jahre, in denen ich ihr zur Seite stand. Was bin ich froh, dass wir noch die Gelegenheit hatten, über so vieles offen zu sprechen! Wir arbeiteten einiges aus der Vergangenheit auf: was mein Vater ihr angetan hatte und vor allem aber das, was er mir angetan hatte. Doch auch zwischen uns beiden stand noch einiges. Ich erinnerte mich an viele Momente aus meiner Kindheit, in denen meine Mutter mir das Gefühl gab, ungewollt und ungeliebt zu sein. Oft hatte sie mich fürchterlich verprügelt, wenn ich nicht sofort gehorchte, und mir vieles aufgebürdet. Auch die Abtreibung, die sie mir aufgezwungen hatte, als ich siebzehn war, kam noch einmal zur Sprache. Obwohl meine Mutter im Laufe ihres Lebens vieles verdrängt hatte, erkannte sie, wie tief mich diese Erfahrung verletzt hatte, und bat mich um Verzeihung. Unsere Mutter-Tochter-Beziehung war alles andere als bilderbuchhaft gewesen, und dennoch glaubte ich stets an das Gute und Warmherzige in ihr. Meine Mutter hatte ein sehr schweres Leben hinter sich. Unbeschwertheit und Glück waren ihr nur in wenigen Momenten vergönnt gewesen. Die Gespräche vor ihrem Tod halfen mir nicht nur, sie besser zu verstehen. Ich begriff auch vieles, worüber ich mir selbst noch im Unklaren gewesen war, und konnte meiner Mutter bewusst verzeihen, bevor sie sich verabschiedete. Anders als mein Vater wurde sie nicht plötzlich und unvorbereitet aus meinem Leben gerissen.

Eine Situation aus ihren letzten Wochen ist mir im Gedächtnis geblieben, weil sie so typisch für sie war: Nach ihrer Mastektomie hatte sich der Krebs überall in ihrem Körper ausgebreitet. Bald konnte sie nicht mehr allein aus dem Bett aufstehen und für sich selbst sorgen. Also wurde sie in eine Pflegeeinrichtung gebracht, wo ich ihr zur Seite stand. Einmal, als ich an ihrem Bett saß, beugte sie sich zu mir und sagte: „Aber, Ute, das sagst du niemandem, dass ich hier bin. Das bleibt unser Geheimnis." Ich erwiderte: „Aber Mam, die Leute wissen doch, dass du krank bist." So deutlich wie noch nie wurde mir bewusst, dass meine Mutter vor anderen Menschen keine Schwäche zeigen wollte. Die letzten Wochen vor ihrem Tod erlebte meine Mutter bei vollem Bewusstsein. Auf der einen Seite konnten wir uns richtig verabschieden, auf der anderen Seite war es nur schwer auszuhalten, wie sehr sie sich für ihre körperliche Verfassung schämte.

Ich weiß nicht, ob die Zukunft mir dieses Schicksal ebenfalls vorbehält. Durch meinen Mann wurde ich erneut mit dem drohenden Verlust konfrontiert. Auch in seiner Familie kommen viele schwere Erbkrankheiten vor. Als junger Mann und Student kümmerte er sich damals um seinen Vater, der an Lymphknotenkrebs litt. Sein Vater überlebte und verbrachte noch zwanzig weitere Jahre auf dieser Welt. Ich glaube, dass mein Mann viel von seinem kämpferischen Vater gelernt hat. Jahre später erkrankte er selbst schwer an Myelofibrose. Zum Glück fand er einen passenden Spender für eine Transplantation und besiegte die Krankheit. Doch ich glaube, es war vor allem sein Optimismus und seine Tapferkeit, die ihn retteten. Mein Mann hat verinnerlicht, dass ein Mensch auch gegen eine niederschmetternde Diagnose ankommen kann. Ich muss gestehen, dass mir persönlich diese Erkenntnis fehlt. Keine der Frauen aus meiner Familie, die von Brustkrebs betroffen war, überlebte.

In meinem Leben habe ich mich viel mit Glaube und Spiritualität beschäftigen dürfen. So habe ich mich vom katholischen Glauben abgewandt und andere Vorstellungen vom Leben, Tod und dem Dazwischen kennengelernt. Zwar habe ich meine Angst vor Krankheit oder dem Sterben noch nicht überwunden, doch meine Angst vor dem Tod an sich gehört der Vergangenheit an. Es ist meine tiefste Überzeugung, dass die Seele in einer anderen Welt weiterexistiert oder dass man wiedergeboren wird. Das Leben gehört zum Tod und der Tod gehört zum Leben. Alles ist ein Kreislauf aus Willkommen und Abschied. Ich habe Menschen verloren, aber auch viele dazugewonnen. Einige werden noch nach mir leben und diesen Kreislauf fortführen. Ich würde jedem Menschen raten, sich auch dann mit dem Tod auseinanderzusetzen, wenn man noch mitten im Leben steht. Wir Menschen haben keinen Einfluss auf manche Geschehnisse. Wer sich schon mit der eigenen Endlichkeit im Hier und Jetzt auseinandergesetzt hat, ist auf manche Wendungen des Schicksals besser vorbereitet. Meiner Ansicht nach ist der Tod ein Übergang in eine andere Seinsebene. Ich glaube an die Wiedergeburt – für mich ist Sterben nicht das unbarmherzige Ende.

Seltsam finde ich auch, wie ich das Älterwerden erlebe. Ich bin 60 Jahre jung, aber ich fühle mich überhaupt nicht so. Als Nächstes kommt die 70 und dann die 80. Es wird immer enger. Die zehn Jahre dazwischen sind wie ein Destillat. Mit 20 oder 30 habe ich noch gar nicht darüber nachgedacht. Zeit war eine nicht vorstellbare Größe. Erst mit 50 habe ich wirklich angefangen, darüber nachzudenken, was in zehn Jahren wohl mit mir sein würde. Natürlich verändert sich auch das Äußere mit den Jahren immer mehr und spiegelt das Innenleben wider. Fühle ich mich erschöpft, geht es auch meinem Körper so. Ich glaube jedoch, dass ich nach meinem Tod nicht zurückkommen will. Ich bin eine alte Seele und ich bin davon überzeugt, dass ich schon mehrmals in diese Welt geschickt wurde. Das Leben, von dem ich hier erzähle, war sehr intensiv: voller Glück, aber auch voller Leid. Ich habe beide Extreme erlebt und das mitgenommen, was ich konnte. Aber mir persönlich reicht es, diese Reise schon ein paarmal gemacht zu haben. Wichtig wäre mir, in dem Wissen zu gehen, dass es meiner Familie gut geht. Das ist mein großer Wunsch.

Anders als viele Menschen kann ich das Thema Leben und Tod nicht verdrängen, weil es immer wieder an die Tür meiner Praxis klopft. Gerade das Thema Verlust habe ich oft mit meinen Klienten und Klientinnen bearbeiten dürfen. Zum Beispiel kamen zu mir schon viele Frauen, die nach einer Fehl- oder Totgeburt den Verlust noch nicht realisiert hatten, weil das Leben einfach weiterlief, so als sei nichts geschehen. Mit den meisten von ihnen führte ich eine Hypnose durch und ließ sie darin das Gefühl der Schwangerschaft noch einmal durchleben. Und endlich darf darüber gesprochen werden. Der Verlust ist kein Tabu mehr. Das tote Kind darf ins Leben mitgenommen werden, weil es trotz allem einen Platz in der Familie hat. Auch wenn der Körper des Kindes nicht mehr da ist, verbleibt noch seine Seele. Die Frau kann dann in Kontakt zu ihrem verlorenen Kind gehen und mit ihm kommunizieren. Fast alle meine Klientinnen berichten mir, das Kind habe eine versöhnliche Botschaft für sie gehabt: „Es ist mein freier Wille gewesen zu gehen. Ich fand es schön, dass ich euch kennenlernen durfte. Ich bin jetzt woanders, aber mir geht es gut." So kann sich die Mutter bewusst verabschieden, das Kind wird nicht einfach wortlos und ohne jede Erklärung aus ihrem Leben gerissen. Stattdessen bekommt das Kind seinen Platz in der Familie.

Auch Männer kommen mit diesem Kindsverlustthema zu mir. Zum Beispiel erinnere ich mich an einen Klienten, der eine gescheiterte Beziehung hinter sich hatte. Aber diese Ex-Partnerin war schwanger und verlor das Kind. Weil er mit ihr zusammen diesen Verlust nicht mehr aufarbeiten konnte, kam er zu mir in die Therapie. In der Hypnose bringen intensive Gefühle – meistens der Schmerz – Bilder hervor. So sah er ein Grab vor seinem geistigen Auge. Also fragte ich ihn: „Was genau siehst du da? Beschreibe mir das Grab.“ Er sehe ein Kreuz, sagte er, es stehe auch ein Name drauf. Jemand habe Blümchen auf das Grab gepflanzt. Speziell für diesen Klienten war das Grabbild unheimlich wichtig. Er konnte das verlorene Kind bewusst zu sich nehmen. Denn erst als er vor dem Grab stand, bekam er einen Bezug zu diesem Menschen, der einmal existiert hatte. Das Kind nahm auf einmal Gestalt an. So konnte mein Klient vor dem Grab stehen und sagen: „Es ist für mich tröstend, zu wissen, wo du jetzt bist. Ich habe dich geliebt, auch wenn ich dich nicht habe kennenlernen dürfen. Es war schön, dass du da warst.“ Dann führte er aktiv ein Loslass-Ritual durch: In seiner Vorstellung stand er vor dem Grab und verabschiedete sich bewusst.

Parallel zu unseren Therapiesitzungen übertrug mein Klient dieses Loslass-Ritual auch ins echte Leben, indem er in seinem Garten eine kleine Gedenkstätte für sein verlorenes Kind errichtete. Er suchte einen Platz aus, versah ihn mit einem Kreuzchen und setzte auch ein kleines Engelchen auf das Grab. Auf diese Weise konnte er jederzeit in den Garten gehen und seines verlorenen Kindes gedenken. Der Verlust war ein Bestandteil seines Lebens geworden. Intuitiv hatte er einen ganz eigenen Weg gefunden, den Tod in seinem Leben zu akzeptieren und dennoch weiterzuziehen.

„Wer nach außen sieht, träumt,
wer nach innen sieht, wacht."

(C.G Jung)

Bewusstseinsarbeit

Die Psychologie, wie wir sie heute kennen, entstand im Grunde aus der Frage, was es mit Bewusstsein und Unterbewusstsein auf sich hat. Sigmund Freud, der Begründer der Psychoanalyse, teilte die menschliche Seele nach seiner Vorstellung auf in das Ich, das Über-Ich und das Es. Sehr viele Krankheitsbilder führte er auf die Urtriebhaftigkeit der Sexualität zurück. Genau diese Ansicht war ein Streitpunkt zwischen ihm und seinem Schüler C. G. Jung. Die beiden Denker entzweiten sich und entwickelten verschiedene Strömungen. In meiner Ausbildung zur Hypnosetherapeutin bei Werner Meinhold erfuhr ich erstmals von der Lehre C. G. Jungs. Von Anfang an spürte ich eine starke Bindung zu dieser Lehre, die ich in den folgenden Jahren vertiefte. Sie war für mich wie ein Schlüssel, mich und die Menschen um mich herum zu verstehen. Auch nach der Hypnoseausbildung saugte ich alle Informationen darüber auf wie ein Schwamm, wälzte Bücher zur Bewusstseinsarbeit und besuchte Vorträge von C.-G.-Jung-Forschern.

Meine heutige Bewusstseinsarbeit speist sich aus den Lehren herausragender Psychoanalytiker wie Werner Meinhold, Ingrid Riedel, Alice Miller und Verena Kast. Die Strömungen, die danach kamen, gingen nicht an mir vorbei. Dennoch ist nicht jede Neuerung auch eine Verbesserung. Einigem stehe ich kritisch gegenüber. Vor allem bin ich davon überzeugt, dass die klassische Analytische Psychologie die Wurzel jeder erfolgreichen

Bewusstseinsarbeit ist. Wer sich noch nie auf diese Weise mit der Komplexität des Seins auseinandergesetzt hat, kann auch niemanden von seinem seelischen Leid befreien. Der Grund, warum ich mich stets mehr mit der Jungianischen als mit der Freudschen Lehre identifizierte, lag in C. G. Jungs intensiver Arbeit mit Symbolen. Als Psychoanalytiker beschäftigte er sich intensiv mit Bildern und Träumen. Es ist auch überliefert, dass er selbst sehr intensiv träumte und so Themen aus seiner eigenen Biografie bearbeitete. Eine Bewusstseinslehre zu finden, hinter der ich auch stehen konnte, war wie nach Hause zu kommen.

Aus der Jungianischen Lehre beziehe ich hauptsächlich meine Vorstellung vom Bewusstsein. Etymologisch geht der Begriff des Bewusstseins zurück auf die Ursilben „ues-et". Diese Kombination bedeutet „die Sinne auf die Reise schicken".[12] Anders als Freud schlüsselte C. G. Jung die menschliche Existenz auf in das Bewusstsein, das Unterbewusstsein und das kollektive Unbewusste. Für mich war es eine Offenbarung, darüber etwas zu lernen. Meinen Klienten erkläre ich das gerne so: Es gibt die Spitze des Eisberges. Diese entspricht unserem Bewusstsein. Der Hauptteil wiegt schwerer und stützt von unten. Dabei handelt es sich um unser Unterbewusstsein, das uns steuert. Dennoch liegt es unter Wasser und ist sowohl für die anderen als auch für uns selbst zunächst nicht sichtbar. In genau diesem Teil des Eisbergs sind alle Dinge gebunden, die uns wirklich ausmachen: unsere Gaben, unsere Ressourcen, aber auch unsere Schattenthemen oder die Generationenkonflikte. Aber was ist dann das kollektive Unbewusste? Das kollektive

---

12 Weiterführende Literatur: Meier, Gert: Im Anfang war das Wort. Die Spracharchäologie als neue Disziplin der Geisteswissenschaften, Hempt 1988.

Unbewusste ist der Urgrund allen Seins. Jeder von uns trägt es in sich und hat es mit seinen Mitmenschen gemein, ganz egal, wie sehr man sich von ihnen unterscheiden mag. Um beim Bild des Eisbergs zu bleiben: Wenn das Bewusstsein der Spitze des Eisbergs entspricht und das Unterbewusstsein dem Hauptteil des Eisbergs, dann kommt das kollektive Unbewusste dem Polarmeer nahe, in dem alle Eisberge treiben. In diesem Fall erläutere ich den Begriff sehr bildlich. Dennoch ist das kollektive Unbewusste eine sehr schwer greifbare Dimension. Manche assoziieren es sogar mit dem Göttlichen in uns allen.

Aber wie kann man sich zum eigenen Unterbewusstsein oder zum kollektiven Unbewussten Zutritt verschaffen? Um an die eigenen unterbewussten Ressourcen zu gelangen, ist die Hypnose ein klassischer Weg. Manchen Klienten erkläre ich das so:

„Stelle dir dein Unterbewusstsein als großes Gefäß vor. Darin ist alles, was du erlebt hast, was aus deinem ganzen Sein dort angesammelt ist." Auch wenn das Unterbewusstsein für uns im Alltag nicht spürbar ist, kann es dennoch Signale an unser Bewusstsein senden. Zum Beispiel wenn wir in unserem Leben mit einem bestimmten Thema konfrontiert werden und auf einmal Emotionen hochkommen, die wir zuvor nicht wahrgenommen haben. Auch durch psychosomatische Erkrankungen und durch Träume kann sich das Unterbewusstsein ins Jetzt drängen.

Einerseits verarbeiten wir in Träumen das Tagesgeschehen, andererseits auch Themen unseres Unterbewusstseins und des kollektiven Unbewussten. Diese Themen finden ihren Ausdruck in einer ganz eigenen Symbolsprache. In der Traumtherapie kann man diese Symbole aufschlüsseln und einen

Bezug zur eigenen Biografie herstellen.[13] Das Faszinierende daran ist, dass wir Menschen, so unterschiedlich unsere Biografien auch sein mögen, bestimmte Symbole alle gemeinsam haben, weil sie zum Menschsein an sich dazugehören. Dabei handelt es sich um archetypische Bilder. C. G. Jung entwickelte den Begriff des Archetyps in der Analytischen Psychologie, um menschliche Urerfahrungen festzuhalten, wie zum Beispiel Männlichkeit, Weiblichkeit, Geburt, Kindheit, Pubertät, Wandlung und Tod. Die wichtigsten Archetypen sind Schatten, Persona, Animus, Anima, Lehrer und Mutter. Der Schatten ist, einfach gesagt, der verdrängte Teil der eigenen Persönlichkeit; er birgt alle negativen Eigenschaften und Erfahrungen. Die Persona ist die Maske des eigenen Selbst, die man in der Öffentlichkeit zeigt. Animus und Anima stehen jeweils für den männlichen bzw. den weiblichen Persönlichkeitsanteil. Nach C. G. Jung hat jeder Mann eine weibliche Seite und jede Frau eine männliche Seite. Animus und Anima sind im Grunde der Schlüssel zur Beziehungswelt. Je nachdem, ob man den eigenen gegengeschlechtlichen Teil der Persönlichkeit verdrängt oder annimmt, kann die Beziehung zum anderen Geschlecht konstruktiv oder destruktiv sein. Der Lehrer ist das Sinnbild des Weisen und steht für die Vernunft in der Welt, während der Archetyp der Mutter die Liebe, die Erlösung und die Heimat verkörpert. In der Kulturgeschichte kann man ebenfalls archetypische Bilder ausmachen. So wird beispielsweise in vielen Kulturen die Sonne als lichtbringende, symbolisch bewusstseinsbringende Gottheit verehrt. Auch die Vorstellung einer mütterlichen Fruchtbarkeitsgöttin haben viele Religionen gemeinsam.[14]

---

13 Weiterführende Literatur: von Franz, Marie-Louise (Hrsg.): C. G. Jung: Der Mensch und seine Symbole, 15. Aufl. der Sonderausgabe, Zürich/Düsseldorf 1999.

14 Weiterführende Literatur: Jung, Lorenz (Hrsg.): C. G. Jung: Archetypen, in: C.-G.-Jung-Taschenbuchausgabe in elf Bänden, Bd. 5, 15. Aufl., München 2009

Unsere Träume sind im Grunde ein Mosaik aus alltäglichen Bildern, unterbewussten Erfahrungen und archetypischen Bildern. Es ist einiges an biografischer Arbeit nötig, um ein schlüssiges Bild daraus zu erkennen. Meiner Ansicht nach wäre es auch als erfahrener Therapeut unmöglich, das ohne den Träumer zu versuchen, da jeder Mensch aufgrund eigener Erfahrung eine individuelle Beziehung zu Symbolen entwickeln kann. Daher ist es nicht unbedingt sinnvoll, sich ein Traumdeutungsbuch zu kaufen und pedantisch die Symbole abzuarbeiten: „Aha, der Adler steht jetzt für Stärke und Unabhängigkeit? Heißt das jetzt, ich versuche, mich zu emanzipieren?" Nein, das muss nicht der Fall sein. Vielleicht bedeutet der Adler für dich genau das, wofür er in der klassischen Traumdeutung steht. Trotzdem könnte es sein, dass du einen ganz eigenen Bezug zu diesem Tier hast und deswegen davon träumst.

Traumtherapie kann ein nützliches Werkzeug sein, um die eigene Lebensgeschichte aufzuschlüsseln. Eine weitere Methode, die ich häufig in meiner Praxis anwende, ist die Arbeit mit Märchen. Auch in der Arbeit mit Märchen kommt C. G. Jungs Archetypentheorie zum Tragen: Märchen kommen in allen Kulturen vor und bedienen archaische Bilder. In unserer Kindheit entwickeln wir eine emotionale Verbindung zu diesen Bildern. Die kindliche Psyche unterscheidet sich fundamental von der erwachsenen: Kinder erleben vieles intensiver und auch spiritueller. Bevor ein Kind sich mit Worten ausdrücken kann, erlernt es die Bildersprache. Sein Unterbewusstsein speichert Bilder ab, die dort auch im Heranwachsen verbleiben. Die Dauerhypnosen, in denen wir unsere Kindheit verbringen, verstärken diesen Effekt. Märchen greifen in die unterbewusste Symbolik ein und kommunizieren mit deinen unbearbeiteten Themen. Deswegen sagen manche Menschen auch, es sei unheimlich wichtig, Kindern Märchen zu erzählen, damit sie einen Anstoß bekommen, Konflikte zu lösen.

Versetzen wir uns als Erwachsene in einen hypnoiden Zustand und gehen zurück in die Märchenwelt, können wir unsere Beziehung zur Symbolik erforschen und therapeutisch verarbeiten. Themen unserer Kindheit werden so deutlicher. Wer kam denn in seiner Kindheit nicht mit Märchen in Berührung? Vielleicht hat deine Großmutter sie dir vorgelesen oder ihr habt im Kindergarten Schneewittchen als Schauspiel aufgeführt. Auch in unserer Alltagssprache finden sich noch Märchenelemente. Wir sprechen vom „Dornröschenschlaf", vom „Schneewittchen-Teint" oder vom „Prinzen auf dem weißen Pferd". Spezialist auf dem Gebiet märchenhafter Symbolik war Eugen Drewermann: Er arbeitete in der Psychoanalyse oft mit klassischen Märchen, wie sie die meisten von uns kennen. Dieser Ansatz begegnete mir sowohl in meiner eigenen Analyse als auch in meinen diversen Ausbildungen. Auch die C.-G.-Jung-Forscherin Verena Kast[15] setzte sich viel mit dem Zusammenhang zwischen der Märchenwelt und dem Inneren Kind auseinander. Eine Auseinandersetzung mit ihrer Forschung kann ich jedem empfehlen, der sich für dieses Fachgebiet interessiert.

In meiner Praxis verwebe ich die Märchenarbeit oft mit dem Katathymen Imaginieren in Bildern, kurz KIB. Diese Methode erlernte ich in meiner Hypnoseausbildung bei Werner Meinhold. Sie geht zurück auf Hanscarl Leuner und arbeitet mit Tagträumen. Kinder haben eine bildliche Vorstellungskraft und eine lebendige, ungesteuerte Fantasie. Erwachsene dagegen können Tagträume bewusst steuern und diese auch therapeutisch nutzen. Beim Katathymen Imaginieren legt der Therapeut einen Fokus fest: die Wiese, das Haus, der Fluss, der Berg, die Höhle oder der Vulkan. Diese Orte sind keinesfalls willkürlich ausgewählt, sondern beziehen sich auf

15 Weiterführende Literatur: Kast, Verena: Märchen als Therapie, 9. Aufl., München 2002.

das Grundmotiv, das untersucht werden soll. So steht zum Beispiel die Wiese für die aktuelle Stimmung, der Fluss für den Lebensweg, der Berg dagegen verkörpert Leistungsthemen und das Haus steht für die eigene Person. Mithilfe verbaler Suggestion, ähnlich wie beim Autogenen Training, wird der Klient in einen Zustand der Tiefenentspannung versetzt. Dann bittet der Therapeut den Klienten, passend zum festgelegten Fokus Bilder und Vorstellungen entstehen zu lassen.

Katathymes Imaginieren hat viele Vorteile: Zum einen wirkt es beruhigend und energiespendend, zum anderen kann man durch diese Therapiemethode vergangene Themen mithilfe der Symbolsprache aus der Distanz betrachten und so Konflikte lösen. Auch Märchenszenen können der Fokus des KIB sein. Hattest du als Kind dein Lieblingsmärchen? Ich bin mir sicher, dass du als Kind auch klassische Märchen kanntest und manche Geschichten dich im Besonderen berührten. Welche Geschichte das ist, sagt sehr viel über deine kindliche Psyche aus. Wenn ich diese Methode mit meinen Klienten praktiziere, bringe ich sie in den abgesenkten Ruhezustand – den Alphazustand. Dann gehe ich die Geschichte mit meinen Klienten in diesem Alphazustand durch. So nehmen sie das Geschehen ganz anders auf. Der Verstand ist ein Stück weit im Hintergrund, stattdessen sind die Sinneskanäle weit geöffnet. Meine Aufgabe ist es dann, zu unterstützen und nachzufragen: „Was hast du jetzt besonders intensiv wahrgenommen? Was hat dich berührt? Was war dir unangenehm?" In diesem Zustand kannst du, begleitet durch einen Therapeuten, die kindliche Märchenwelt noch einmal erfahren und vieles über dich lernen.

Ich erinnere mich gut, wie wir diese Übung in meiner Hypnoseausbildung durchführten. Als wir aufgefordert wurden, unser Lieblingsmärchen herauszusuchen, wählte ich Blaubart. Im Rückblick wundert mich das nicht. Dieses Märchen griff wie kein anderes das Missbrauchsthema durch meinen Vater auf und sprach meinen tiefliegenden Wunsch an, mich von meinem Unterdrücker zu befreien. Die Protagonistin ist im Grunde das Sinnbild der getöteten Weiblichkeit. Als ich damals mit diesem Märchen arbeitete, hatte ich das Gefühl, meine eigene, starke Weiblichkeit wieder ins Leben zu holen.

Das Interessante daran ist: Ein Mensch mit einer anderen Biografie kann zu Blaubart einen ganz anderen Bezug haben. In meiner Zeit als Therapeutin lernte ich die Geschichte des frauenmordenden Königs durch eine Klientin aus einer völlig unterschiedlichen Perspektive kennen. Der Rahmen war ein Märchenabend unter Frauen, den ich als Therapeutin betreute. Ich versetzte die teilnehmenden Frauen in einen hypnoiden Zustand und las das Märchen vor. Anschließend forderte ich sie dazu auf, sich eine Szene herauszusuchen und ein Bild dazu zu malen. Meine Klientin suchte sich die Szene heraus, in der Blaubarts Frau die Kammer öffnet und das Blut daraus hervorquillt. Doch während des Malens wurde sie ziemlich unruhig: Ihre Hände zitterten, das Gesicht war fast schmerzerfüllt verspannt. Als sie fertig war, wollte sie ihr Bild nicht einmal der Runde präsentieren, wie es üblich war. Auch im Verlauf des Abends blieb sie erschreckend still und ließ das Bild schließlich ohne Kommentar in meiner Praxis liegen.

Erst als sie zu ihrer nächsten Einzelsitzung bei mir kam, konnte sie mit mir über das Bild und über ihre Empfindungen sprechen. Meine Klientin gestand mir, sie sei beim Malen auf einmal von Panik überwältigt worden. Das innere Bild, das ihr so zusetzte, beschrieb sie folgendermaßen:

„Alles war voller Blut! Die Tür der Kammer wurde durch den gewaltigen Druck des Blutes aufgedrückt. Es hat mich regelrecht überschwemmt! Ich habe nur Blut gesehen!“ In meiner Klientin tobte ein Sturm aus Ängsten, Aggressionen, Sehnsüchten. Das Malen der Szene bewirkte bei ihr einen emotionalen Durchbruch. In ihrer Kindheit hatte die Mutter meiner Klientin ihre ungefilterten Gefühle unterdrückt: „Gefühle sind unwichtig. Hirngespinste! Darüber braucht man nicht zu reden.“ So zweifelte meine Klientin nicht nur an sich, sondern an allen ihren Empfindungen. Sie vertraute eher dem Urteil der Mutter als sich selbst. Der mütterliche Anteil in ihr war damit immer präsent und wirkte wie eine verschlossene Tür, die man nicht öffnen durfte. Der Unterdrücker war ihr „Blaubart-Anteil“ als Erwachsene. Für mich selbst war meine eigene Blaubartsymbolik vollkommen klar: Blaubart bedeutet für mich die männliche, Macht missbrauchende Autorität. Für meine Klientin dagegen bedeutete dieses Märchen die Unterdrückung sämtlicher Empfindungen. Nicht nur der sexuelle, sondern auch der emotionale Missbrauch spiegelt sich in dieser Geschichte wider.

An einem anderen Märchenabend, ebenfalls in einer Frauenrunde, wählte ich als Fokus für die Gruppe das Märchen Rumpelstilzchen. An diesem Abend waren wir sechs Frauen. Ich ging auf die übliche Weise vor, indem ich die Anwesenden in einen Ruhezustand versetzte, das Märchen vorlas und sie anschließend bat, sich eine Szene herauszusuchen und diese zu malen. Eine der Frauen hatte ich erst am selben Abend kennengelernt. Ich wusste nichts über ihre Biografie und über ihre Lebensumstände, deswegen war ich auf ihr Bild besonders gespannt. Schließlich legte sie es in die Mitte. Es war ein sehr hübsches Bild. Sie hatte es mit viel Liebe zum Detail gestaltet. Es zeigte die Szene, in der Rumpelstilzchen sich auf das Kind der Königin freute. Die Teilnehmerin hatte Rumpelstilzchen als kleinen Zwerg gemalt, der munter und ausgelassen auf einer Wiese zwischen Blumen und Gras umherhüpfte. Die Wiese war durch zwei Torbögen begrenzt. Die anderen Frauen waren von diesem Bild sehr angetan. Eine bemerkte:

„Dem Kleinen da geht's aber gut." Eine andere sagte: „Das erinnert mich fast an einen Uterus." Die Frau wirkte überrascht. Schließlich meinte sie: „Eigentlich wollte ich nichts sagen, aber ich bin im fünften Monat schwanger." Im Raum ging ein leises Raunen umher, manche gratulierten ihr. Einzig ich wurde nicht von der gelösten Stimmung erfasst. Stattdessen blieb ich nachdenklich vor dem idyllischen Bild stehen. Auf einmal bemerkte ich ein Detail: Am Rand der Wiese stand eine kleine, schwächliche Blume, die den Kopf hängen ließ. Also fragte ich die Frau:

„Und was ist das?" Sie zögerte. Dann gestand sie: „Ich bin diese Blume. Seitdem ich schwanger bin, sehen alle in mir nur noch die werdende Mutter und fragen nach meinem Baby. Niemand interessiert sich für mich als Mensch." Die werdende Mutter kam nach dieser Sitzung nicht wieder. Ich bedauerte das. Oft habe ich mich gefragt, was aus der einsamen Blume mit dem hängenden Kopf geworden ist.

An einen weiteren Fall denke ich auch oft zurück: In einer therapeutischen Einzelsitzung bearbeitete ich mit einer Klientin das Märchen Schneewittchen. Wir gingen von der Situation aus, in der Schneewittchen vom Jäger im Wald ausgesetzt wird. So fragte ich:

„Stell dir vor, du bist im Wald. Da ist der Jäger. Wie sieht er aus? Was siehst du? Was kannst du schmecken? Was kannst du hören? Was für ein Wetter ist da draußen im Wald?“ So fing die Klientin an, diese Umgebung zu beschreiben: Der Wald, durch den sie vor ihrem geistigen Auge ging, lag in der Dämmerung. Sie fühlte sich allein und kam irgendwann an einen Berg, auf den sie hinaufkletterte. Von einer Anhöhe aus entdeckte sie ein kleines Dorf. Als sie mir davon erzählte, wurde sie auf einmal furchtbar traurig und brach in Tränen aus. Die Klientin war stark geschminkt, und als sie so weinte, wurde auf einmal das Gesicht von ihrer zerlaufenden Wimperntusche geschwärzt. Sie sah bedürftig und zerbrechlich aus, wie sie da vor mir saß. „Warum bist du denn so traurig?“, fragte ich sie. „Da sind überhaupt keine Kinder. In diesem Dorf lebt nicht einmal ein einziges Kind“, schluchzte sie. Sie meinte, sie spüre den Schmerz ganz intensiv in ihrer Brust.

Ich bot ihr meine Hilfe an. „Was könntest du in dieser Märchenwelt jetzt brauchen?“, fragte ich sie. Vollkommen in der Bilderwelt verankert, suchte sich meine Klientin einen Zauberstab heraus, um die Kinder wieder herzuzaubern. Sogar die Zauberstabbewegung führte sie mit der Hand aus. Auf einmal erhellte sich ihr Gesicht wieder. „Oh, jetzt ist das ganze Dorf wieder voller Kinder, das fühlt sich toll an. Da kommt Wärme in mein Herz, es geht mir besser.“ So beendete ich die Sitzung mit einem positiven Leitgedanken. Es blieb die Momentaufnahme von dem, was sie in diesem Augenblick empfand. Von meiner Klientin erhielt ich die Rückmeldung, sie fühle sich nun sehr wohl. Auch ich war zufrieden. Mit Märchenbildern zu arbeiten, ist oft ausgesprochen produktiv. Meine Klientin kam zu drei oder vier Hypnosesitzungen wieder. Wir vertieften den Konflikt, der durch die Märchenwelt deutlich geworden war: Lange

Zeit war sie von ihrem inneren Kind abgekoppelt gewesen. Unsere Therapiesitzungen stellten den Kontakt zu ihren Emotionen und zu ihrer Kreativität wieder her.

Ich glaube, dass die Gebrüder Grimm mit ihren Märchen einst unbewusst das Richtige taten: Menschen und vor allem Kinder müssen so nicht in ihre schlimmsten Erfahrungen eintauchen, um etwas über sich selbst zu erfahren. Stattdessen analysiert man über eine andere, eine abstrakte Ebene. Kinder hören die Geschichte über die böse Hexe, die in „Hänsel und Gretel" verbrennen muss, und verarbeiten so zum Beispiel Ungerechtigkeiten, die sie durch Erwachsene erfahren haben. Natürlich können sie als Kinder nicht mit den Verantwortlichen schimpfen; stattdessen werden die Empfindungen umgelenkt und so beschwichtigt. Man sieht also: Kein Mensch kann ohne eine Symbolsprache existieren.

Geschichten über Heilung

Wie ich im vorigen Kapitel beschrieben habe, ist die Arbeit mit märchenhaften Bildern und Fantasiegeschichten ein großer Bestandteil klassischer Bewusstseinsarbeit. An dieser Stelle möchte ich ein paar Texte vorstellen, die mit meinem Leben zu tun haben. Den ersten, „Die wunderschöne Elfe und die Liebe“, schrieb ich, als ich in meine Selbstliebe geführt wurde. Es ist ein Heilungsmärchen und wendet sich der Schönheit des Lebens zu.

Der zweite Text – „Du bist wertvoll“ – ist eine Notiz an mich selbst. Diese Notiz schrieb ich aus einer meditativen Selbsterfahrung heraus. Heute noch werfe ich immer wieder einen Blick darauf und spreche mir Mut zu, mich stets weiterzuentwickeln und an mich zu glauben.

Der dritte Text ist ein Märchen, das mein Mann Bernhard für mich zur Hochzeit schrieb. Bei unserer Trauung las er es im Kreis unserer liebsten Freunde vor. Im Grunde ist auch diese dritte Geschichte ein Heilungsmärchen. Denn Bernhard kennenzulernen und eine bewusste und lebendige Beziehung zu führen, war ein wichtiger Schritt für mich, um meinen Frieden zu finden.

Die wunderschöne Elfe und die Liebe

Es war einmal eine wunderschöne Elfe. Viele Freundinnen hatte sie und spielte den ganzen Tag. Sie war aus voller Seele glücklich. Eines Tages kam ein großer Sturm und fegte übers Land. Er brachte viel Regen, Donner und Blitze, und alles versank im Regen. Es wurde dunkel und kalt. Die Elfe verlor ihre Freundinnen und alles, was ihr wichtig war. Da kam eines Tages ein Frosch auf die kleine Elfe zu. Er brachte ihr eine kleine goldene Kugel und sagte: „Pass gut darauf auf! Diese kleine goldene Kugel ist die Liebe. Du kannst, wenn du davon weißt, das Land und alle Elfen retten." Da die kleine Elfe aber so allein war und sie auch wütend war, dass der Regen ihr alles genommen hatte, warf sie die kleine Kugel in ein tiefes Erdloch. Und dachte bei sich: „Ich? Wieso ich? Ich kann das doch nicht und außerdem glaub ich auch nicht daran!"

Plötzlich fuhr ein Blitz neben ihr auf. Es war taghell. Da sah sie das Land und ihre Freundinnen, die nur darauf gewartet hatten, dass die kleine Elfe die goldene Kugel als ihre Liebe und Hilfe erkennen sollte. Nur sie war die Auserwählte, die alle retten konnte. Kaum hatte die kleine Elfe das begriffen, war sie zutiefst erschüttert und fühlte sich schuldig am Untergang. Auf dem Boden kauernd, wollte sie nichts mehr sehen und hören. Schuldig und wertlos fühlte sie sich und wäre beinahe von einer Windböe ins Wasser gerissen worden, wenn nicht der Frosch im selben Moment auf ihren Kopf gehüpft wäre. Er umklammerte sie und sagte zu ihr:

„Schau doch! Der Regenbogen!"

Da erblickte sie das bunte Farbspiel am Himmel und packte mit ihren Händen das Ende des Regenbogens. Mit aller Kraft zog sie sich in den Regenbogen hinein. Auf einmal war sie über und über mit allen Farben gefüllt und fühlte sich überglücklich. Viele kleine goldene Kugeln aus Liebe rollten zu ihr, alle waren in dieses wundervolle Farbenlicht gehüllt. Ein Schmetterling setzte sich auf ihre Schultern und half ihr, den Zauber dieses Schatzes zu wecken: die allumfassende Liebe. So kamen ihre Freundinnen zurück und das Land erholte sich von der Katastrophe. Durch die Macht der Liebe waren alle wieder glücklich vereint und durch den Regenbogen für alle Zeit geschützt. Es war der Regenbogen der Liebe und des Lebens.

Du bist wertvoll

In dir ist die Kraft, alles zu verändern, aber genauso stark fürchtest du dich davor. Es ist ein Segen, dich in jedem Augenblick neu zu erschaffen. Du betrittst eine Größe, die immer wieder Ausdehnung sucht. Lässt du das Alte gehen und ehrst und verzeihst die Vergangenheit, findest du den Frieden, nach dem du immer suchst. Finde dein Selbst und streife ab, was dich begrenzt und klein macht! Du bist ein Geschöpf Gottes. In dir liegt die Kraft der Sonne, des Mondes, des Windes und der Liebe. Du bist wertvoll, frei und strahlend. Zeige dein Licht und lasse alles los, was dich daran hindert. Fühle die Liebe in dir, die sich in die Welt verströmen möchte. In dir ist ein Leuchten, das sich in anderen spiegeln möchte. Sei offen für zärtliche Berührungen. Sie schenken dir Geborgenheit. Fühle dich und genieße es, Liebe anzunehmen! In tiefer Dankbarkeit verneige ich mich vor meinen Erfahrungen!

Das Märchen vom rotgelockten Prinzen und der anmutigen Prinzessin

Ich möchte euch von einem Märchen erzählen, welches sich so oder ähnlich zugetragen hat. Ein Märchen von damals und heute. Es war einmal ein rotgelockter Prinz und er war verliebt in seine Arbeit, studierte die Zusammenhänge dieser Welt, baute sich ein Schlösschen und kaufte sich eine schöne Kutsche (die mit dem Stern). Als er alles zusammenhatte, merkte er, dass es ihm keine Freude machte, allein in seinem Schlösschen zu wohnen und in seiner Kutsche zu fahren. Also machte er sich auf den Weg und hielt Ausschau nach einer ihn liebenden, anmutigen Prinzessin. Aber alle, die er traf, passten nicht zu ihm. Die einen waren zu garstig, die anderen zu hochnäsig und wieder andere einfach hässlich. Da war der Prinz sehr traurig und zog sich in sein Schlösschen zurück. Weil er sich nicht mehr um sein Schlösschen kümmerte, wuchsen außen herum lauter Dornen und man gab ihm den Namen Dornhänschen. Eines Tages kam ein guter Freund und gab ihm ein paar Schriftrollen zu lesen, um ihm eine Freude zu bereiten. Der Prinz legte sie beiseite, weil er keine Lust verspürte. Spät am Abend, als ihn wieder eine tiefe Traurigkeit überkam, begann er dann doch, in den Schriftrollen zu lesen. Da las er von einer zierlichen, schönen Prinzessin mit einem warmen und temperamentvollen Herzen, die allein mit ihrem jungen Sohn durchs Leben schritt und nach einem liebenden Gemahl Ausschau hielt. Plötzlich war der Prinz von einer wundersamen Verliebtheit gepackt und schickte der Prinzessin mit einer seiner Wandertauben eine Nachricht, dass er sie zu treffen begehre. Sie erwiderte zugleich ihr tugendhaftes Einverständnis, und so trafen sie sich an einem geheimen Ort, den man heute Seligenstadt nennt.

Als der Prinz sie erblickte, war er sogleich entzückt ob ihrer lieblichen Gestalt und ihres gewickelten Kleides. Doch traute er sich nicht, sich ihr zu offenbaren, zu lange schon war er nicht mehr mit den Gebaren der Frauen vertraut. Auch sprach sie sehr stolz und ernst über ihre Forderungen, wie er sie in sein Schloss zu holen wünsche und wie er sie zu hofieren habe.

Verschwunden sind Dornen, Ernst und Traurigkeit. Aus einer ernsten Prinzessin wurde eine fröhliche, temperamentvolle Frau, und aus dem traurigen Dornhänschen ein stürmisch liebender, glücklicher Bernhard.

Nun, der Prinz wusste nicht, wo ihm der Kopf stand, aber er war entzückt ob ihrer wundervollen Erscheinung und sie trafen sich wieder und wieder. Und es begann eine tiefe, große, leidenschaftliche Liebe.

„Du trägst Deine eigene
Lösung und Heilung in Dir.
Sie möchten von Dir geboren
werden."

(Ute Keller)

Hypnose

Wenn ich über Hypnose schreiben möchte, muss ich zuerst meinen Lehrer vorstellen. Werner Meinhold war Heilpraktiker und Psychotherapeut. Auch wenn er als junger Mann eigenständig durch mentale Arbeit und Hypnose seine Kinderlähmung kurierte, geriet er erst auf Umwegen zum Heilberuf: Nach einem Studium der Malerei und der Kunstgeschichte hielt er sich einige Zeit im Ausland auf und verfolgte Studien zum Schamanismus und zur Volksmedizin.[16] Schließlich kehrte er nach Deutschland zurück und durchlief die Heilpraktiker- und Hypnoseausbildung an der Heilpraktikerfachschule in Stuttgart bei Prof. Dr. Langen. Der 1980 verstorbene Prof. Dr. Langen war Direktor der Klinik für Psychotherapie an der Johannes-Gutenberg-Universität in Mainz, sein Spezialgebiet war die Hypnose- und Suggestionstherapie. Nach der Ausbildung an der Heilpraktikerfachschule in Stuttgart praktizierte Werner Meinhold eigenständig und forschte im Bereich der Hypnose, Psychotherapie, Magnetopathie, Spagyrik und Homöopathie. Er schrieb zahlreiche Fachbücher, vor allem „Das große Handbuch der Hypnose", sein Standardwerk. Allein seine Ausstrahlung passte zu der eines Hypnosetherapeuten: Seine Stimme klang ruhig und meditativ. Wenn ich einen seiner Vorträge zu Psychotherapie, Hypnose, Heilmagnetismus,

16 Weiterführende Literatur: Meinhold, Werner J.: Tiefenpsychologisch fundierte Hypnosetherapie – Was jeder darüber wissen sollte, 1. Aufl., Kulmbach 2015.

Psychosomatik und Naturheilkunde besuchte, kam ich mir oft so vor, als befände ich mich selbst bereits in einer Hypnose. Als Werner Meinhold im Oktober 2019 verstarb, trauerte ich sehr um meinen Lehrer.

Gleichzeitig erfüllte mich ein Gefühl von tiefer Dankbarkeit für alles, was er mir auf meiner Reise mitgegeben hatte. Denn Werner Meinhold war nicht nur mein Lehrer, sondern auch mein Therapeut gewesen. Es war mir immens wichtig gewesen, auch meine Lebensanalyse bei ihm zu machen. Ich wollte den besten Hypnoselehrer und den besten Therapeuten haben und bekam ihn auch. Er vermittelte mir ein unheimlich breites Wissen, wie es für mich kein anderer hätte tun können. Dass er mich ausbildete und gleichzeitig therapierte, stellte für mich keinen Interessenskonflikt dar – ganz im Gegenteil. Die Ausbildung der GTH, der Deutschen Gesellschaft für Therapeutische Hypnose und Hypnoseforschung, dauerte vier Jahre. Zweimal im Monat trafen wir uns am Wochenende in einer festen Ausbildungsgruppe und behandelten dann mit verschiedenen Dozenten unsere Kernthemen. Werner Meinhold war der Gründer des Ausbildungsinstituts und damit verantwortlich für die Lehre. Die Ausbilder kamen aus verschiedenen Bereichen: Manche waren Neurologen, andere Psychiater und Psychotherapeuten. Wir hatten theoretischen Unterricht, den wir durch praktische Übungen der Selbsterfahrung ergänzten. Deswegen empfand ich meine Lebensanalyse bei Werner Meinhold als unheimlich bereichernd.

Die Ausbildung war tiefenpsychologisch-analytisch orientiert. Sämtliche kindlichen Entwicklungsphasen wurden bearbeitet und in die Therapie miteinbezogen: die Symbiose, die orale Phase, die anale Phase, die genitale bzw. die ödipale Phase, dann die Individuationsphase und die Ablösungsphase. Die Symbiose beginnt mit der Zeugung im Mutterleib und endet ein paar Monate nach der Geburt. Sie ist verantwortlich für den Selbstwert und die Grundsicherheit. Störungen in dieser Phase können sich als starke Grundängste und autoaggressive Elemente manifestieren. Die orale Phase dauert bis zum zweiten Lebensjahr an. Während dieser Phase erfährt das Kind Lustgewinn über den Mund. Störungen in der oralen Phase können sich im späteren Leben zeigen durch Süchte, Kleptomanie und Erkrankungen der Sinnesorgane. Die anale Phase dauert bis zum 3. Lebensjahr. Sie zeichnet sich aus durch den Lustgewinn über das Abgeben und Zurückhalten von Ausscheidungen, aber auch durch die Entstehung der Scham. Im übertragenen Sinne steht sie für die Entwicklung von Kreativität und die Ich-Bildung. Außerdem birgt sie eine Hingabethematik: die Fähigkeit, sich auszudrücken und mit anderen Menschen in Kontakt zu kommen. Störungen können sich im Erwachsenenleben durch Geiz, Stottern, Zwänge oder auch Darmerkrankungen zeigen. Die genitale bzw. ödipale Phase dauert bis zum sechsten Lebensjahr an. In dieser Phase wird sich ein Kind seiner Sexualität und seiner sozialen Geschlechterrolle bewusst. Wenn diese Zeit nicht wie vorgesehen verläuft, kann es später im Erwachsenenleben zu Übertragungen der Mutter- oder Vaterrolle auf einen Partner kommen. Die Individuationsphase beginnt etwa ab dem 7. Lebensjahr. In diesem Zeitraum findet eine erste Ablösung vom Elternhaus statt, weil ein Kind erste Teilvorbilder kennenlernt, zum Beispiel Freunde, Lehrer oder Bands. Schließlich spielt sich die Ablösungsphase zwischen dem zwölften und vierzehnten Lebensjahr ab – ein Kind entwickelt eine eigenverantwortliche Weltsicht.

In allen Entwicklungsstufen gibt es bestimmte Hauptthemen, die durchlaufen werden. Wenn in einer oder mehreren Phasen Defizite entstehen, werden diese in die Entwicklung aufgenommen. Alle folgenden Entwicklungsstufen zeichnen sich durch den Versuch aus, dieses Defizit zu kompensieren. Auf diese Weise können schwere körperliche und seelische Erkrankungen entstehen, deren therapeutische Auflösung einiges an Arbeit und vor allem an Feingefühl erfordert. Als Faustregel gilt: Je früher das ursprüngliche Defizit sich ereignet hat, desto gravierender sind die Folgen. Manche vergleichen das mit einem Stein im Schuh, der einen im Erwachsenenleben stolpern lässt. Mir jedoch gefällt ein Vergleich, den Werner Meinhold selbst einmal aufstellte: Die frühsten Schritte einer menschlichen Entwicklung kommen Knopflöchern gleich, deren Verfehlen dazu führt, dass „falsch geknöpft" wird. Der Beginn unserer Knopfleiste ist die pränatale Zeit und das erste Lebensjahr. Beim falschen Knöpfen entstehen Falten, allerdings erkennt man diese oft erst in der Mitte oder am Ende. So ist es auch bei Entwicklungsstörungen: Vielleicht tritt ein Problem zuerst vermeintlich als „orale" oder „anale" Störung auf, erweist sich bei genauerem Hinsehen aber als ein Konflikt der symbiotischen Phase.[17]

In meiner Hypnoseausbildung ging ich durch alle diese Phasen. Ich arbeitete meine eigenen Entwicklungsstörungen auf, vor allem die Abweisung durch meine Mutter in meiner pränatalen Zeit, aber auch die Missbrauchserfahrung durch meinen Vater während der oralen Phase. In der Zeit der Hypnoseausbildung habe ich unfassbar viel über mich herausgefunden, weil ich in mir selbst Kanäle geöffnet und mich auf meine eigene Bilderwelt eingelassen habe. Während der Hypnose sind wir alle in einem besonderen

---

17 Weiterführende Literatur: Meinhold, Werner J.: Tiefenpsychologisch fundierte Hypnosetherapie – Was jeder darüber wissen sollte, 1. Aufl., Kulmbach 2015.

Bewusstseinszustand – mit der anderen Person, aber auch mit uns selbst. Hypnose ist im Grunde die Arbeit mit dem Geist.

Aber Vorsicht: Das, was Showhypnotiseure einer breiten Öffentlichkeit präsentieren, hat mit der medizinischen Hypnose, wie ich sie gelernt habe, nichts zu tun. Hypnose an sich ist keine moderne Erfindung. Die frühsten Aufzeichnungen finden sich ca. 3000 v. Chr. in Indien. Auch um 1500 v. Chr. in Ägypten sowie im antiken Griechenland wurde Hypnose als Therapieform eingesetzt. Im 12. Jahrhundert entdeckten christliche Mönche die Hypnose wieder, allerdings fälschlicherweise, um Dämonen auszutreiben. Als Heilmethode geriet sie mehrere Jahrhunderte in Vergessenheit, bis im 18. Jahrhundert der katholische Priester Johann Joseph Gassner, der Jesuitenpater Maximilian Hell und der Arzt Dr. Franz Anton Mesmer sie wiederentdeckten. Dr. Mesmer forschte über Hypnose und deren Zusammenhang mit Heilmagnetismus. Bis zu diesem Zeitpunkt wurde Hypnose als Methode zwar schon angewandt, aber noch nicht als solche bezeichnet.

Den Begriff „Hypnose" etablierte erst im 19. Jahrhundert der britische Arzt James Braid. Auch die ersten Psychoanalytiker wie Sigmund Freud und C. G. Jung setzten Hypnose ein, um das menschliche Unterbewusstsein zu erforschen, während der Berliner Psychiater und Neurologe Johann Heinrich Schultz 1928 aus der Hypnose das Autogene Training entwickelte, das ich bereits in Kapitel 8 ausführlich beschrieben habe. In Großbritannien und in den USA wurde die Hypnose als wissenschaftlich bestätigte Therapie erst in den 1950er-Jahren anerkannt. In Deutschland dauerte es sogar 50 Jahre länger: Erst im Jahr 2006 akzeptierte man die Hypnose als tiefenpsychologische Therapieform. Vor allem die Lehren des amerikanischen Psychotherapeuten Milton H. Erickson, der Hypnose zunächst selbst einsetzte, um seine körperlichen Schmerzen zu bewältigen, fanden verstärkt Anwendung. Seine Lehre der antiautoritären Hypnose basiert auf der individuellen, vertrauensvollen Beziehung zwischen Therapeut und Patient. Hypnose ist Teamarbeit, keine Manipulation durch eine höhergestellte Person! Auch wenn sich der Klient in einem anderen Bewusstseinszustand befindet, ist er dem Hypnosetherapeuten nicht einfach ausgeliefert, weil da die Schutzmechanismen des Unterbewusstseins greifen. Der gute Hypnosetherapeut achtet diese Grenzen. In der Hypnoseausbildung wurde uns stets vermittelt, dass eine produktive Sitzung nur dann gelingen kann, wenn Klient und Therapeut einander respektieren und sämtliche Schritte im gegenseitigen Einvernehmen durchführen.

Die Vorstellung von Hypnose als einem schlafähnlichen Zustand ist irreführend: In der Hypnose besteht eher ein besonderer Wachzustand, genannt Virgilanz. Indem ein Mensch seine Aufmerksamkeit auf monotone Worte oder bestimmte Dauerreize legt, verarmen die Außenreize. So kann er in sich gehen und über sein Seelenleben reflektieren. Während einer Hypnosesitzung stehen Hypnotisator und Klient in einer besonders tiefen Bewusstseinsverbindung, hervorgerufen durch Suggestion.[18] Die Hypnose öffnet das Bewusste zum Unbewussten: Bilder, Gefühle, Farben, Sinneseindrücke und Symbole fließen ins Bewusstsein. Diese Wahrnehmungen können reflektiert und so therapeutisch genutzt werden. Auch der Zugang zu verdrängten Erinnerungen ist möglich – Körper, Seele und Geist kommunizieren wieder miteinander. Oft entdecken Menschen in

---

18 Weiterführende Literatur: Meinhold, Werner J.: Das große Handbuch der Hypnose – Theorie und Praxis der Fremd- und Selbsthypnose, 6. Aufl., Kreuzlingen 1997.

der Hypnose ihr verborgenes Potenzial, erinnern sich an tief vergrabene Wünsche und Sehnsüchte, erweitern ihr Bewusstsein oder bearbeiten psychosomatische Störungen. Allerdings wird durch Suggestion nicht etwa der Charakter künstlich verändert, sondern es werden eher Beeinflussungen durch andere in der Lebensgeschichte aufgelöst: Gebundene Persönlichkeitsanteile werden befreit und können sich entfalten. Hypnose geht einher mit einer Ich-Stärkung beim Klienten. Wichtig ist auch die Haltung des Hypnosetherapeuten. Er sollte nicht urteilend sein und auch mit anderen Weltanschauungen und Werten umgehen können. Die Aufgabe des Therapeuten ist es, Wissen zu vermitteln und stets empathisch und aufrichtig mit dem Klienten umzugehen. Im Rahmen einer tiefenpsychologisch-analytischen Behandlung sollte Hypnosetherapie auf einer starken Vertrauensbeziehung zwischen Behandler und Klient basieren. Hypnose ist letztendlich ein Weg, um selbstbestimmter und bewusster zu werden.

Dennoch habe ich eine Warnung auszusprechen: Menschen, die unter Wahrnehmungsstörungen leiden, sollten in der Hypnose mit großer Vorsicht behandelt werden. Ich spreche hier von psychischen Störungen wie paranoider Schizophrenie, Psychose oder schwerer Depression mit Wahnvorstellungen. Auch bei diesen Krankheitsbildern kann eine Hypnose große Effekte erzielen, sie sollte jedoch in stationärem Rahmen und mit viel Fingerspitzengefühl durchgeführt werden. Hat der Betroffene jeden Bezug zur Realität verloren, sollte auf Hypnose verzichtet werden.

Für mich als Therapeutin ist Hypnose eine Methode, um die Tür zum Unterbewusstsein zu öffnen. Dabei tauchen bestimmte Themen auf, vor allem konkrete Bilder und Emotionen. Daran arbeite ich als Erstes mit meinen Klienten. Wichtig ist, während der Hypnosesitzung immer wieder den Bezug zum Bewusstsein herzustellen: Ich stelle Fragen, um mit dem Klienten gemeinsam einen Lösungsansatz zu finden. Der Aspekt der Teamarbeit ist essenziell! Hypnose ist ein sehr mächtiges Werkzeug. Dennoch kann ich kein Problem eigenmächtig angehen, weil jeder seine eigene Lösung in sich trägt und sie auch herausarbeiten kann. Dies ist auch Bestandteil meiner Lebensanalyse, wie ich sie in Kapitel 3 ausführlicher beschrieben habe.

Manche Menschen scheuen sich vor Hypnose, wenn sie zum ersten Mal in der Therapie damit konfrontiert werden. Dabei gehört das in unser aller Leben: Die pränatale Zeit bis ins Kindesalter verbringen wir Menschen in tiefen Dauerhypnosen, weswegen Werner Meinhold in unseren Seminaren die Hypnose oft als „ersten Bewusstseinszustand" bezeichnete. Auch wenn es gerne so dargestellt wird, erlebt der Mensch keine absoluten Wach- und Schlafzustände. Es gibt sehr viele Stufen dazwischen. Und ebendiese erste Zeit unseres Lebens verbringen wir in Hypnose. Dieser Zustand beschützt im Grunde die frühkindliche Psyche: Erinnerungen werden dort abgelegt, aber sie verschwinden nicht; sie werden nur unterbewusst aufbewahrt und durch die Hypnose wieder zugänglich. Man kann es sich fast wie bei einem Computer vorstellen: Die Erinnerungen sind alle gespeichert, aber verschlüsselt. Die Hypnose bildet den Schlüssel, um an diese Erlebnisse wieder heranzukommen. Nun könnte man fragen: „Aber was ist, wenn ich mich an etwas erinnere, das ich nicht bewältigen kann?" Keine Angst – dies wird nicht passieren. Um bei dem Bild des Computers zu bleiben: Die Hypnose kommt keinem Hackerangriff gleich, bei dem einfach willkürlich Informationen aus dem Unterbewusstsein gerissen werden. Idealerweise geht man in eine

Hypnosesitzung mit dem Wunsch, an seinen Erinnerungen zu arbeiten. Deswegen schickt das Unterbewusstsein ausschließlich Bilder, die wir auch tatsächlich verarbeiten können. Alles, wofür wir noch nicht bereit sind, bleibt im Unterbewusstsein, sozusagen geschützt durch unsere eigene Firewall.

In meiner Praxis beobachte ich meine Klienten während der Hypnose genau: Wie ist die Stimmung? Was passiert? Welche Bilder erscheinen ihnen? Einmal kam in meine Praxis ein junger Mann, der den Verlust seines Vaters bearbeiten wollte. Sein Vater war abrupt erkrankt und falsch behandelt worden, weshalb er zu Hause verstarb, ohne sich von seinem Sohn verabschieden zu können. Dieser plötzliche Verlust hatte den Sohn, der zu diesem Zeitpunkt noch Schüler war, aus der Bahn geworfen. Auf einmal ging nichts mehr: Seine Leistungen verschlechterten sich rapide und er konnte sich nicht mehr konzentrieren. Es war seine Mutter, die mich kontaktierte und mich bat, mit ihm zu arbeiten.

Als der junge Klient zu mir kam, brachte ich ihn in der Hypnose mit seinem Vater in Verbindung. Ich fragte ihn: „Wie erscheint dein Vater vor dir? Kannst du ihn sehen?“ Der junge Mann beschrieb mir seine Erscheinung und fing auf einmal an zu weinen. Da fragte ich: „Wie wirkt denn dein Vater so auf dich?“ Mein Klient antwortete: „Er ist ganz friedlich. Gerade hat er mir gesagt, dass ich mir keine Sorgen machen muss, weil es ihm gutgeht und es seine Entscheidung war, zu gehen. Er hat mir gesagt, er wird mich immer lieben und auf mich achten.“ Es waren die Bilder seines Unterbewusstseins, die er da empfing. Doch sie beruhigten meinen jungen Klienten. So konnte er seinen Vater auch in die andere Welt entlassen und selbst wieder im Leben ankommen.

Wenn ich über Kontakte mit Verstorbenen während der Hypnose erzähle, ernte ich gelegentlich Skepsis. Zum Teil kann ich diese Skepsis natürlich verstehen, weil das Thema Tod für viele Menschen nach wie vor mit einem Tabu behaftet ist. Unter Hypnose an der Beziehung zu Verstorbenen zu arbeiten bedeutet nicht, sich an einem ungesunden Wunschbild festzuklammern. Klienten, die zu mir kommen, um den Tod einer Person zu verarbeiten, wissen, dass diese Menschen nicht mehr im Leben stehen. Dennoch ist eine Kontaktaufnahme in der Hypnose möglich. Meiner Erfahrung nach hat jedes Individuum ein eigenes energetisches Kraftfeld, das auch nach dem Tod bestehen bleibt. Durch die Erinnerungen, die man an einen Verstorbenen hat, kann man energetisch den Kontakt wiederherstellen. Deswegen kommt es auch häufiger vor, dass Verstorbene sich in unseren Träumen von uns verabschieden. Unterbewusste Bilder, Symbole und Gefühle kommen wieder und werden verarbeitet. So können Hinterbliebene loslassen.

Erst neulich hatte ich eine Klientin in meiner Praxis, die ihr Überlebenssystem in der Hypnose gemeinsam mit mir aufdeckte. Ursprünglich kam sie zu mir, weil sie dazu neigte, sich mit dem Leid anderer zu stark zu identifizieren. Ging es jemandem in ihrem Umfeld nicht gut, empfand sie die gleichen Gefühle und machte sich den fremden Konflikt zu eigen. So geriet sie oft in Panik aufgrund von Dingen, die ihr selbst nie widerfahren waren. Mit mir zusammen machte sie ihre Lebensanalyse. Als wir in der frühsten Kindheit und der pränatalen Zeit ankamen, machte sie Bekanntschaft mit einem Gefühl, das ihr weitgehend fremd war: Wut. Zeit ihres Lebens hatte sie diese Wut unterdrückt, weil im Elternhaus ihre Gefühle nie gesehen wurden. Die Mutter war voller Ängste und übertrug diese auf ihr Kind, während der Vater cholerisch war und die Familie dominierte. So war meine Klientin von Anfang an in der Angst gefangen.

Ich empfahl ihr körperliche Übungen, um mit ihren Gefühlen wieder in Kontakt zu kommen, z. B. auf ein Kissen zu schlagen. Außerdem legte ich ihr nahe, es mit der Osho-Meditation zu versuchen. In der letzten Hypnosesitzung wurde ihr klar: Die Wut zu unterdrücken war ihr frühkindliches Überlebenssystem gewesen. Weil sie dem Leid der Eltern entkommen wollte und es keinen Platz für sie gab, entschied sie unbewusst als Baby: „Ich sterbe lieber. Dann werdet ihr schon sehen, was ihr davon habt." Es war die tiefste Wahl, die sie als kleines Wesen traf. Und diese hätte fast tragische Konsequenzen gehabt: In ihrem ersten Lebensjahr entwickelte sie eine lebensgefährliche Darmerkrankung, die im Krankenhaus behandelt wurde. Meine Klientin überlebte diesen ersten Versuch, die Welt wieder zu verlassen – doch die Todessehnsucht blieb. Bis heute wurde ihr ganzes Sein davon gesteuert. In vielen Sitzungen davor hatte ich mit besagter Klientin nach positiven Leitsätzen gesucht. Aber egal, welchen Leitsatz sie auch formulierte, ein Motiv tauchte in variierter Form immer wieder auf: ihr Sehnen nach Freiheit. Und genau diese Freiheit erreichten wir schließlich in der Lebensanalyse, als sie dieses tiefe Gefühl aus ihrer Kindheit bearbeiten durfte. Solche Momente mit meinen Klienten sind immer etwas ganz Besonderes. Es ist unfassbar schön zu sehen, wie Menschen durch meine Unterstützung selbst ihre Konflikte entschlüsseln und begreifen, was sie vom Leben wollen.

Ich glaube, dass jeder Mensch – ganz gleich, wie turbulent seine Biografie auch sein mag – tief in sich eine Kraftquelle trägt. Bei manchen von uns ist sie blockiert, doch verschwinden kann sie nicht. In vielen

Fällen ist Hypnose das richtige Werkzeug, um diese Kraftquelle wieder zu befreien. Einen Fall habe ich in meiner Praxis erlebt, der in dieser Hinsicht geradezu beispielhaft ist. Besagte Klientin stand mitten im Leben, sie arbeitete viel, war diszipliniert und ehrgeizig. Seit vielen Jahren war sie verheiratet und hatte eine erwachsene Tochter. Mit ihrem Mann führte sie eine tiefgehende, um nicht zu sagen symbiotische Beziehung. Alles machten sie zusammen, als Individuen existierten sie kaum noch. Sie gaben einander allen Halt, den sie brauchten. Und auf einmal befielen meine Klientin Panikattacken in der Öffentlichkeit. Vor allem Restaurants waren für sie ein Trigger, sodass sie nicht mehr auswärts essen gehen konnte. Gleichzeitig wurde es beruflich für sie ungemütlich: Obwohl sie bereits vollkommen ausgebrannt war, luden ihre Vorgesetzten ihr eine immer größere Last auf, bis sie schließlich einen Burn-out erlitt.

Als diese Klientin da vor mir saß, gingen wir ihre Lebensgeschichte durch und ich entdeckte das Trauma, das sich aus der Vergangenheit seinen Weg in ihren Alltag gekämpft hatte: Ursprünglich stammte sie aus einem anderen Land. Ihr Vater war allein nach Deutschland gekommen, um Geld für die Familie zu verdienen. Eines Tages holte er ihre Mutter, ihre Schwester und sie selbst zu sich nach Deutschland. Diesen Schritt hatte er mit keiner von ihnen abgesprochen – alle drei wurden von einem Tag auf den anderen plötzlich entwurzelt. Meine Klientin vergötterte ihren Vater, deswegen unterdrückte sie die Wut auf ihn und spaltete sich von ihren Gefühlen ab. Ein Teil von ihr blieb für immer in der alten Heimat. Als Erwachsene brach sie zusammen, weil sie von ihrem inneren Kind isoliert war.

Nach ein paar Sitzungen mit Aufstellungsarbeit und Hypnose erlebte ich mit ihr, wie sie ihr inneres Kind wiederfand. Ich versetzte sie in Hypnose, und da sah sie dieses kleine Mädchen, das sie einst von sich abgespalten hatte, wieder: Es erschien ihr als unbeschwertes, fröhliches Kind, das über eine Wiese hüpfte. Auf dieser Wiese entdeckte sie schließlich auch ihren Mann. Dass ihr Mann Teil der Szene war, überraschte mich nicht. Den Verlust der Heimat hatte meine Klientin noch nicht vollständig bearbeitet. Die symbiotische Beziehung zu ihrem Mann war das Ergebnis einer Übertragung – er war zu ihrer Heimat geworden. Gerne hätte ich mit ihr auch ihre Ehe therapeutisch bearbeitet. Wenn zwei Menschen nur noch als Einheit existieren, deutet das auf frühkindliche Defizite in beiden Biografien hin. Aber nach dieser Sitzung kam meine Klientin nicht wieder. Dennoch war ihre größte innere Blockade gelöst und sie veränderte vieles in ihrem Leben: Sie kündigte, suchte sich eine neue Arbeit und konnte wieder in Restaurants gehen. Ihre Angst vor Restaurants war Ausdruck eines unterdrückten Heimatsymbols gewesen. Diese Geschichte erinnert mich daran, welche Umwege Traumata nehmen können, um wieder zu uns zu kommen. Es hat wirklich sein Gutes, dass wir Menschen manches nicht vergessen können, auch wenn wir es zunächst versuchen. Hätte meine Klientin alles vergessen können, wäre sie nie mehr auf ihre ureigene Kraftquelle gestoßen.

Eine meiner schönsten Erfahrungen als Therapeutin war der Tag, an dem eine Frau in meine Praxis kam, die schon sehr viel an sich gearbeitet hatte. Ihr Bewusstsein hatte bereits zahlreiche Schulungen durchlaufen, einige Lebensthemen hatte sie bearbeitet. So sagte sie: „Ute, ich habe da diese eine Sache, die ich noch nicht lösen konnte. Dabei brauche ich deine Hilfe." Also gingen wir in Hypnose und es gelang ihr, den Konflikt ziemlich eigenständig zu lösen. Meine Rolle war nur die der Unterstützerin. Es war unfassbar schön, zu sehen, wie stark ein Mensch sein kann, wenn er einmal den Mut gefunden hat, an sich zu arbeiten. Wir hatten eine Reinkarnationssitzung: Zusammen bearbeiteten wir Themen, von denen meine Klientin überzeugt war, dass sie aus einem früheren Leben stammten. Was passiert bei einer Reinkarnationssitzung? Manche glauben an die Wiedergeburt und erleben eine solche Sitzung als spirituelles Erlebnis. Andere interpretieren das Motiv der Wiedergeburt als Bild des Unterbewusstseins. Es gibt in dieser Hinsicht kein richtig oder falsch – du darfst an das Prinzip der Wiedergeburt glauben oder es symbolisch interpretieren. Solange du für das Bild offen bist, kannst du aus einer solchen Sitzung Stärke ziehen. Ich persönlich bin davon überzeugt, dass wir auch Themen bearbeiten müssen, die nicht aus unseren eigenen Erfahrungen gewachsen sind.

Aufstellungsarbeit

Oft habe ich mich gefragt, warum nicht mehr Menschen in meine Praxis kommen mit dem einfachen und doch wichtigsten Wunsch auf der Welt: „Ich möchte wissen, wer ich bin.“ Es wäre im Grunde das nachvollziehbarste Motiv überhaupt. Jeder Mensch sucht auf seine Art nach seiner Identität und seinem Glück.

Und dennoch habe ich einen solchen Fall noch nie erlebt. Meistens müssen erst Probleme auftauchen, damit ein Klient in meine Praxis kommt: Konflikte bei der Arbeit, Spannungen und Streit in der Partnerschaft, Depression oder Angstzustände. Ich führe dieses Phänomen darauf zurück, dass in unserer Gesellschaft Therapie immer noch mit einem Mangel gleichgesetzt wird. „Nur Kranke gehen zur Therapie“, denken wohl zahlreiche Menschen. Allerdings glaube ich, es täte vielen gut, sich auf therapeutische Gespräche einzulassen, um sich besser kennenzulernen und mehr über die eigenen Motive zu erfahren. Es muss nicht erst etwas Schlimmes geschehen, damit man nach Antworten suchen darf.

Aber nehmen wir eben an, ein neuer Klient kommt in meine Praxis. Was passiert dann? Im Erstgespräch nehme ich auf meinem Sessel und der Klient auf der Couch Platz. Bei Bedarf biete ich auch gerne etwas Wasser, Tee oder Kaffee an. Dann führen wir eine Anamnese durch. Das klingt ein bisschen ähnlich wie in einer ärztlichen Sprechstunde, dabei läuft das anders ab. Ich gehe mit dem neuen Klienten bestimmte Lebensstationen durch, um mir ein Bild machen zu können, wer da vor mir sitzt: Aus welcher Welt kommt dieser Mensch jetzt gerade? Wo kommt er her? Wie waren seine Eltern? Dann ist es aber auch wichtig, mich zurückzunehmen und mir anzuhören, was der Klient zu sagen hat: Warum ist er zu mir gekommen? Was kann ich als Therapeutin für ihn tun? Es ist sehr wichtig, schon bei den ersten Sätzen aktiv hinzuhören und mitzufühlen. Wichtig ist nicht nur, was der Klient sagt, sondern vor allem, wie er es sagt. Manchmal kommen auch Paare zu mir oder Eltern mit ihrem Kind. Bei minderjährigen Klienten sind die Eltern zum Kennenlernen mit dabei. Sobald das Gespräch tiefer geht, bitte ich die Eltern, dem Kind etwas Zeit mit mir allein zu lassen und in der Zwischenzeit vielleicht einen Kaffee zu trinken oder spazieren zu gehen. Zu Beginn ist es wichtig, dass ein minderjähriger Klient von seinen Eltern begleitet wird, damit er sich nicht mir ausgeliefert fühlt. Dennoch ist das Gespräch ohne die Eltern notwendig, um die ungefilterten Gefühle des Kindes mitzubekommen.

Wenn ich gemeinsam mit einem Klienten die Lage sondieren will, ist Aufstellungsarbeit ein nützliches Werkzeug. In meiner Ausbildung zur Psychopädin bei Dr. Udo Derbolowsky setzte ich mich viel mit dieser Therapiemethode auseinander, die auf das Psychodrama nach Jacob Levy Moreno zurückgeht. Das Psychodrama ist ein Rollenspiel, das beim Klienten Verständnis für seine Mitmenschen wecken soll. Zusammen mit den Erkenntnissen aus der Hypnotherapie war das Psychodrama die Basis für die heutige Aufstellungsarbeit und Familientherapie. Pionierarbeit im Bereich der Familientherapie leistete Virginia Satir. Diese Erkenntnisse nutzte der deutsche Psychoanalytiker Bert Hellinger und entwickelte die klassische Familienaufstellung. Bert Hellinger vertrat stets die Position, dass viele familiäre Konflikte ihren Ursprung darin finden, dass Kinder in die Elternrolle schlüpfen. Seine Familienaufstellung berücksichtigt alle Mitglieder der Familie, auch die verstorbenen oder verstoßenen. Ziel ist es, Wertschätzung füreinander zu erreichen. Auch wenn Eltern fehlbar sind, sollen Kinder in dieser Form der Aufstellung ihren Erzeugern Anerkennung schenken, ohne deswegen die Vergangenheit zu verklären. Selbst wenn eine Kindheit lieblos oder unerfüllt war, verdanken die Kinder doch den Eltern ihre Existenz. Es geht darum, sagen zu können: „Ihr habt mir das Leben geschenkt – dafür bin ich dankbar."

Bert Hellingers Werk begegnete mir in der Fachwelt immer wieder, unter anderem auch während meiner Weiterbildung zur experimentellen systemischen Aufstellungsarbeit bei Beate Kuby. Allerdings war und ist Bert Hellinger als Figur in der Psychoanalyse und der Familientherapie umstritten. Das liegt unter anderem daran, dass er viel mit dem Thema Schuld arbeitete. Schuldgefühle zu bearbeiten, erfordert viel Rücksicht und Feingefühl.

Ich kann den Standpunkt seiner Kritiker nachvollziehen. Gerade den Aspekt der Schuld finde auch ich problematisch, da ich lieber von Eigenverantwortung spreche. Kein Mensch macht sich durch seine Existenz schuldig, aber jeder Mensch muss seine Existenz selbst tragen können, ohne anderen die Last aufzuladen. Dennoch finde ich den Anspruch Hellingers, dass jedes Familienmitglied seinen Platz in der Gemeinschaft hat, sehr sinnvoll. Verstorbene oder Verwandte, die sich emotional von der Familie distanziert haben, werden gerne einmal in Aufstellungen übersehen. Dabei sind sie unheimlich wichtig, um Familiendynamiken zu verstehen.

Aufstellungsarbeit bedeutet, eine Struktur in Konflikt- und Lebenssituationen zu bringen. Dafür biete ich in meiner Praxis verschiedene Gegenstände als Stellvertreter an: Zum Beispiel habe ich Plüschtiere, Kissen, Bauklötzchen oder Playmobilfiguren. Alle diese Stellvertreter kann der Klient nutzen, um seine Lebenssituation zu illustrieren. Das Geniale an diesem System ist, dass man sowohl ein Außenstehender ist als auch mit dazugehört. So kann mein Klient einen wichtigen Schritt in Richtung Selbsterkenntnis machen. Aufstellungsarbeit ist sehr vielseitig. Im Grunde kann man alles Mögliche aufstellen: persönliche Konflikte, die eigene Familiensituation, aber auch einfach ein bestimmtes Gefühl. Ich erläutere das an einem Beispiel: Stell dir vor, du kommst in meine Praxis aufgrund eines familiären Konflikts. Dieser Streit hat dich emotional so ausgelaugt, dass du gar nicht mehr weißt, was du denken oder fühlen sollst. Doch dann bitte ich dich, deine Familie aufzustellen. Und auf einmal kuckst du nach unten und siehst, wie die kleinen Figuren auf dem Tischchen vor dir stehen: Du siehst dich selbst, auf wie engem Raum du zwischen deinen Eltern stehst, und kannst diese Bedrängnis, vielleicht auch Unmündigkeit, auf einmal wieder nachfühlen, weil du sie direkt vor deinen Augen siehst. Anschließend kannst du auch einen Blick auf die anderen Figuren werfen und dich fragen: Wie fühlen sie sich denn? Sind sie mit ihrem Standpunkt glücklich?

Wichtig ist es, in der Aufstellungsarbeit bei sich selbst anzufangen. Ich sage dann zu meinen Klienten: „Stell dir vor, dieses Brett hier ist dein Lebensfeld. Positioniere dich und die anderen Menschen in deinem Leben nun so, wie du es willst.“ Interessanterweise setzen die meisten Klienten dann sich selbst in die Mitte des Bretts und positionieren die anderen Personen, sprich die Stellvertreter, außen herum. An der Art, wie Klienten die anderen Figuren um die eigene aufbauen, erkenne ich schon sehr viel. Wenn der Klient zum Beispiel die Vaterfigur weit von sich weg aufstellt, kann ich schon ahnen, dass die beiden ein entferntes Verhältnis haben, ohne dass er mir das erst erklären muss.

Auch ambivalente Haltungen werden durch die Aufstellungsarbeit aufgedeckt. Manchmal schaut dann ein Klient vom Brett auf, in der Hand eine der Figuren, und meint: „Ich weiß gar nicht, wie ich diesen Menschen jetzt zu mir positionieren soll." Das ist eine wunderbare Gelegenheit, genauer hinzuschauen und nach Gründen für die eigene Unsicherheit zu suchen. In der Therapie geht es nicht um mich, sondern um den Menschen, der vor mir sitzt. Dennoch gehört es zu meiner Überzeugung dazu, nicht nur die Herzen der Menschen zu berühren, sondern mich ebenso berühren zu lassen. Viele Themen habe ich mit meinen Klienten und Klientinnen gemein. Gerade die Frauen, die zu mir kommen, sprechen Konflikte an, die ich selbst durchmachen musste: Missbrauch, toxische Beziehungen und auch Kindsverlust. Gerade dann möchte ich unbedingt vermitteln: „Ich weiß, wie du dich fühlst. Aber schau – ich habe es da rausgeschafft. Das kannst du auch!"

Einmal kam ein Paar zu mir, um in sieben Sitzungen an sich zu arbeiten. Von Anfang an gab ich zu bedenken, dass sieben Sitzungen vermutlich nicht ausreichen würden, aber das Paar bestand darauf. Sebastian und Lena[19] waren Anfang dreißig, schon seit mehreren Jahren liiert und wollten heiraten. Gerade von ihrer Seite bestand auch ein großer Kinderwunsch. Doch natürlich hatten sie meine Praxis nicht ohne Grund aufgesucht: Vor einiger Zeit hatte Lena eine Affäre gehabt, was sie im Erstgespräch nur beiläufig erwähnte. „Wir haben das schon geklärt", meinte sie. Ich nickte

19 Name geändert

nur und sagte nichts dazu. Lena wirkte sehr kindlich und unsicher. Schnell kam zur Sprache, dass sie sich von Sebastian mehr Zuneigung wünschte. Ihr ganzes Leben hatte sie auf ihn abgestimmt, doch er arbeitete so viel, dass er nur wenig Zeit für sie hatte. Überhaupt wirkte Sebastian sehr ernsthaft und etwas gehemmt. Mir wurde sofort klar, dass beide noch nicht viel Selbsterfahrung hatten.

So bat ich Lena, ihr Leben und ihre Beziehung aufzustellen. Aus der Kiste von Gegenständen wählte sie als Stellvertreter für sich selbst das winzigste Playmobilfigürchen: ein Häschen. Das kleine Tier setzte sie in die Mitte des Bretts. Danach wühlte sie ein wenig in der Kiste. Als ich sie fragte, wonach sie suchte, antwortete sie: „Ich suche nach einem Stamm." Einen vergleichbaren Stellvertreter konnte ich ihr nicht anbieten, also suchte sie eine Palmenspitze aus. Interessant ist hier natürlich die Symbolik: Der Stamm, den Lena suchte, bedeutete ihren Lebensstamm. Sie fand ihn aber nicht – nicht in meiner Kiste voll von Figuren, aber ebenso wenig im realen Leben.

Zur Linken des kleinen Hasen stellte sie den Vertreter eines erwachsenen Mannes auf, der das Tier an der Hand führte. „Das ist Sebastian", bemerkte sie. Rechts von dem kleinen Häschen stand die Figur einer erwachsenen Frau. Vor der Figurenkonstellation baute sie die Palmenspitze auf. „Die Palmenspitze ist die Zukunft", erklärte sie. Am Rande des Brettes jedoch positionierte sie ein kleines, gelbes Männlein. Der Begleiter der Häsin schaute in Richtung des gelben Männleins, also fragte ich sie: „Was stellt das gelbe Männlein dar?" Lena warf ihrem Verlobten einen kurzen Blick zu und antwortete: „Das ist seine Arbeit." Dass Lena die Arbeit ihres Verlobten personifizierte, passte ebenfalls ins Bild: Da Sebastian viel arbeitete, sah sie seine Arbeit als Hindernis, das der gemeinsamen Zeit im Wege stand. Ich deutete auf die Figur des Mannes. „Du wolltest mit dieser Figur Sebastian darstellen. Er führt das Häschen, also dich, an der Hand. Aber wenn das nicht dein Verlobter wäre, wer wäre das dann?“ Sie zögerte kurz. Dann gab sie zu: „Meine Mutter.“ Hatte es sich zuvor schon abgezeichnet, wurde es jetzt unmissverständlich: Lena hatte eine Übertragung vorgenommen. Sebastian war für sie der Ersatz eines Wunschelternteils. Schließlich hatte ich nur noch eine Frage: „Wo ist die erwachsene Lena?“ Da senkte sie den Kopf und erwiderte:

„Ich weiß es nicht.“

Nach etwas Zögern setzte sie doch noch einen Stellvertreter für die erwachsene Lena auf das Brett: einen Tannenbaum. Dennoch positionierte sie den Stellvertreter auf der anderen Seite, sodass die Palmenspitze, das Symbol für ihre Zukunft, exakt zwischen dem kindlichen Häschen und der erwachsenen Frau stand. Es ging um Lenas Entwicklung ins Erwachsenenleben: Ihr Stamm war unauffindbar, sie hatte keine Wurzeln, um in die Unabhängigkeit zu wachsen. Es war eine Aufstellung, wie sie in einem meiner alten Lehrbücher hätte stehen können. Lenas kindlicher Charakter und ihre fehlende emotionale Reife waren unübersehbar.

Sebastian schaute ruhig zu, während wir ihre Aufstellung besprachen. In der nächsten Sitzung war er an der Reihe. Interessanterweise wählte er stellvertretend für sich selbst ebenfalls ein sehr kleines Figürchen, das er in der Mitte eines erwachsenen Paars, dargestellt von Playmobilfiguren, anordnete. Das Trio befand sich zwischen der Palmenspitze und einem kleinen Weihnachtsbaum. Doch hinter der Gruppe ragte ein großes Tor auf. Auf einmal konnte ich seine Beklemmungsgefühle nachvollziehen, als ich auf diese kleine Gruppe hinabblickte. Wie wenig Platz dem kleinen Jungen und seinen Beschützern doch gegeben war! Ich fragte ihn nach der Bedeutung der Stellvertreter. Das Paar verkörperte Mutter und Vater sowie deren Werte. Sebastian idealisierte seine Eltern: Noch als Erwachsener waren sie seine Vorbilder und lebten das vermeintlich perfekte Leben. „Was bedeutet dieser Torbogen?", fragte ich. Er überlegte kurz und antwortete schließlich ehrlich: „Das ist die Leistung. Und hinter der Leistung liegt das Glück."

Schließlich erklärte er mir, was die Palmenspitze und der Tannenbaum für ihn bedeuteten. Auch wenn Lena in ihrer Aufstellung diese ebenfalls als Stellvertreter benutzt hatte, symbolisierten sie für ihn etwas völlig anderes: Die Palmenspitze war für ihn die Zeit, die er brauchte, um das Vertrauen zu finden, symbolisiert durch den Tannenbaum.

Beide Aufstellungen waren ziemlich emotional. Dennoch hatten die beiden den Mut und das Vertrauen, einander in den Prozess des Verstehens mit einzubeziehen. Vor allem geht es darum, sich selbst, aber auch den anderen wahrhaftig zu sehen. Es war eine erfolgreiche Sitzung – dennoch kam es in der Therapie zum typischen Widerstand, wie ich ihn schon oft in meiner Praxis beobachtete. So sagten sie nach ein paar Sitzungen: „Die restlichen Sitzungen brauchen wir nicht mehr."

Mit solchen Widerständen muss ich als Therapeutin sensibel umgehen. Jemanden zu überreden oder zu zwingen, würde nicht funktionieren. Also bat ich die beiden, zu verstehen, dass Bewusstheit nur durch Eigenarbeit und Beständigkeit möglich ist. Ich zeigte ihnen auf, wie viel ihre Beziehung gewinnen könnte, wenn beide Partner einander erkennen und annehmen würden. Also kamen sie wieder in meine Praxis und ich sprach mit ihnen über die Bedeutung des inneren Kindes. Ich lud Sebastian und Lena ein, in einer Hypnosesitzung ihr inneres Kind kennenzulernen und anzunehmen. Als Rahmen legte ich einen Zaubergarten nach Susanne Hühn fest.[20] Und die beiden erlebten ihr inneres Kind. Sebastian sah einen kleinen Jungen, zwischen zwölf und vierzehn Jahre alt, Lena ein Kleinkind zwischen drei und vier Jahren. Mir fiel auf, dass es Sebastian in der Hypnose deutlich leichter fiel, mit seinen Gefühlen in Kontakt zu kommen. Als ich ihn fragte: „Wo ist der Zaubergarten in deinem Körper?", zeigte er auf sein Herz. Lena dagegen empfand nach eigener Aussage ein Gefühl der Starre und der Beklemmung. Auf einmal fiel mir das Häschen aus der Aufstellung ein und in meinem Kopf erklang der Kinderreim „Häschen in der Grube". Lenas Haltung gegenüber dem Leben war die des zusammengekauerten Häschens: Aus Angst erstarrt, bewegte sie sich weder vor noch zurück.

Beide zogen aus der Hypnosesitzung wichtige Erkenntnisse. Sebastian sagte: „Ich brauche Zeit, Menschen zu vertrauen." Das Vertrauen war auch eines der Kernthemen seiner Aufstellung gewesen. Lena dagegen meinte: „Ich muss mich erst einmal selbst finden." Ihre Suche nach dem Stamm, nach den Wurzeln, kam auch hier erneut zum Vorschein. Da ließ ich sie beide unter den Stoffpuppen in meiner Praxis Stellvertreter für ihr jeweiliges inneres Kind heraussuchen. Sie griffen nach dem Engelpaar: Lena hielt den weiblichen, er den männlichen Part in der Hand. Schließlich forderte ich die beiden auf, sich in die Augen zu sehen. Es ist dieser tiefe Blick

---

20 Weiterführende Literatur: Hühn, Susanne: Die Heilung des inneren Kindes. Sieben Schritte zur Befreiung des Selbst, Darmstadt 2008

durch alle Masken, den ich gerne Menschen empfehle, die Schwierigkeiten haben, miteinander in emotionalen Kontakt zu kommen. Der Moment war sehr bewegend. Ich spürte, dass trotz aller Abwehrmechanismen bei beiden ein starker Wille da war, den anderen zu verstehen. Zum Abschluss setzte ich ein Kartenset von Susanne Hühn ein: Dieses Kartenset bietet eine Hilfestellung für die Heilung des inneren Kindes an.[21] Lena zog die Karte: „Ich darf dem Leben vertrauen." Sie wirkte ziemlich betroffen. Ich verstand sofort, wieso. In vorigen Sitzungen hatten wir die Ablehnung durch ihre Mutter herausgearbeitet. Über ihren Vater hatte sie anfangs gesagt: „Mein Papa war immer für mich da." Doch diese Aussage war ihre Art, den emotionalen Missbrauch in ihrer Kindheit schönzureden: Da ihre abwesende Mutter dem Vater keine Bestätigung gab, musste sie als Ersatzpartnerin herhalten. Niemand sah sie für sich allein, das kleine Mädchen Lena und die Tochter, die elterliche Fürsorge brauchte. So war es auch als Erwachsene ihr sehnlichster Wunsch, gesehen zu werden. Sebastian versuchte, die Sehnsucht ihrer kindlichen Welt zu erfüllen, und scheiterte an ihrer Bedürftigkeit.

Sebastian dagegen las von seiner Karte ab: „Ich darf Angst haben und mir Sicherheit wünschen." Auch als erwachsener Mann lebte er noch in der vermeintlich perfekten Welt seiner Eltern.

„Ein Indianer kennt keinen Schmerz" – diesen Satz hatte er als kleiner Junge oft hören müssen. Seine emotionale Gehemmtheit war letztendlich Wachstumsschmerz; man hatte ihn gezwungen, schneller erwachsen zu

---

21 Weiterführende Literatur: Hühn, Susanne: Die Heilung des inneren Kindes. Sieben Schritte zur Befreiung des Selbst, Darmstadt 2008.

werden, als es ihm gutgetan hatte. Ich bat die beiden, erneut Karten zu ziehen. Sebastian schaute seine Partnerin an und sagte: „Loslassen." Lena erwiderte: „Hingabe."

Schließlich bemerkte ich: „Wisst ihr, Beziehungen leben dadurch, dass Partner einander spiegeln. Tauscht doch die Karten einmal aus." Als die beiden meine Praxis verließen, bekam ich von ihnen eine gute Rückmeldung. Sie bereuten es nicht, sich gegen den eigenen Widerstand gestellt und einander auf neue Art kennengelernt zu haben. Doch nun wiederhole ich das, was ich auch beiden sagte: Es ist ein Erfolg, den eigenen Partner anzunehmen. Aber sich selbst anzunehmen ist um einiges schwieriger. Deswegen würde ich jedem Menschen raten, sich auch einmal im Alleingang auf die Reise ins Unterbewusstsein zu begeben.

Doch auch psychosomatische Störungen lassen sich in der Aufstellungsarbeit bearbeiten. Eines Tages kam ein Polizist zu mir in die Praxis. Er war ein Bär von einem Mann, ich kann es nicht anders beschreiben; gleichzeitig wirkte er aber unheimlich sanft und freundlich. Beim Erstgespräch offenbarte er schnell das Leiden, das ihn zu mir geführt hatte. „Ich habe seit zwei Jahren Herzprobleme", berichtete er. „Dabei war ich bei zahlreichen Kardiologen, die nichts gefunden haben. Doch ich habe ständig dieses Engegefühl in meiner Brust und kann nicht atmen. Das kann doch nicht sein. Niemand konnte mir bis jetzt damit helfen."

„Das klingt eher nach Panikattacken", erwiderte ich und fragte ihn schließlich, was denn vor zwei Jahren geschehen sei. „Mein Vater ist verstorben", antwortete er. „Wie war er als Mensch?", fragte ich. Der Vater meines Klienten war ebenfalls Polizist, doch anders als sein Sohn war er hart und ungnädig. Nie gab er ihm die Achtung, die er sich wünschte. Auf dem Sterbebett war der Vater nicht mehr in der Lage zu sprechen. So musste sich mein Klient verabschieden, ohne ein wertschätzendes Wort von seinem Vater zu hören. Das Herzproblem meines Klienten war symptomatisch für seine unterdrückten Emotionen. So ließ ich ihn sein Symptom auf dem Brett aufstellen. Aus der Kiste wählte er den mächtigsten Gegenstand: einen riesigen Bauklotz.

Diesen Klotz legte er zwischen den eigenen Stellvertreter und den des Vaters. Da bat ich ihn, mit dem Symptom in Verbindung zu gehen. Er gestand: „Ich habe mir immer den Respekt und die Liebe meines Vaters gewünscht." Wir rückten den Block zur Seite. Mein Klient weinte bitterlich und brachte mühsam hervor: „Nicht einmal am Ende habe ich von meinem Vater die Wertschätzung bekommen. Nur einen Handkuss hat er mir gegeben." Ich lächelte und fragte vorsichtig: „Und was bedeutet ein Handkuss?" In seinem Gesicht zuckte es. Dann antwortete er: „Die größte Wertschätzung überhaupt." Das war der Moment, in dem seine Gefühlsblockade einstürzte. Vor mir saß ein starker Mann, der haltlos schluchzte. Ich war gerührt von seinem Mut, aber auch von seiner bewegenden Geschichte. Zwar wäre es für seine eigene Entwicklung sicherlich besser gewesen, wenn der Vater ihm schon als Kind die Liebe gegeben hätte, die er gebraucht hatte. „Aber besser spät als nie", dachte ich. Es war eine sehr emotionale Therapiesitzung.

Zum Abschied gestand mir mein Klient: „Anfangs war ich wirklich skeptisch. Aber Sie haben mir die Augen geöffnet. Danke." Ich sagte nur: „Ach, kommen Sie her", und umarmte ihn herzlich zum Abschied.

Wege zur Resilienz

Körper, Seele und Geist sind keine voneinander getrennten Bereiche. Sie stehen in stetiger Wechselwirkung zueinander. Körpertherapien können wohltuend für die Seele sein und umgekehrt. Doch bevor ich darüber berichte, muss ich von meinem alten Freund Herbert erzählen. Herbert und ich begegneten uns damals in der Heilpraktikerausbildung. Ich war zwanzig Jahre alt und lebte mit meinem damaligen Freund Peter zusammen. In dieser Zeit war ich mir selbst noch nicht bewusst; die Lebensanalyse bei Werner Meinhold und die Hypnoseausbildung lagen noch in weiter Ferne. Doch ich wusste bereits, dass ich anderen Menschen helfen wollte. Es lag nur noch an mir, das Wie herauszufinden.

Als ich Herbert begegnete, spürte ich sofort eine Verbindung zu ihm. Dabei unterschied sich seine Persönlichkeit stark von meiner: Er war sehr introvertiert und schüchtern, auf die Menschen zuzugehen fiel ihm schwer. Ich glaube, dass ich damals unterbewusst die Parallelen in unserer Biografie erkannte. Wie ich war auch Herbert mit einem übergriffigen Elternteil aufgewachsen. Da sein Vater so viel arbeitete, wuchs er praktisch allein bei seiner Mutter auf. Seine Mutter war psychisch instabil und einsam. So machte sie den Sohn zu ihrem Eigentum, seine eigene Gefühlswelt lebte nur im Verborgenen. Ständig war er den emotionalen, aber auch den körperlichen Übergriffen seiner Mutter ausgesetzt. In der Schulzeit musste er ebenfalls viel durchmachen: Seine Schulkameraden akzeptierten ihn nicht und quälten Herbert in jeder freien Minute. Schon als Jugendlicher hatte er mit Depressionen zu kämpfen. Nach der Schule studierte er BWL und entwickelte eine starke Prüfungsangst. Als er sich endlich dazu aufraffte, zum Arzt zu gehen, verschrieb ihm dieser ein angstlösendes Mittel. Doch anstatt die Angstzustände zu lindern, verstärkte das Mittel seine Depressionen. Herbert unternahm im Affekt einen Suizidversuch und überlebte nur knapp. Dieses Erlebnis war in doppelter Hinsicht traumatisch: Zum einen wusste Herbert sich nicht mehr seinen Ängsten zu stellen, zum anderen schaffte er es nicht mehr, zu einem Mediziner zu gehen. Zu sehr war sein Vertrauen missbraucht worden. Auch wenn das Ereignis bereits ein paar Jahre zurücklag, hatte er es nie verarbeiten können.

Anfangs führten Herbert und ich eine Redebeziehung. Ich kann es nicht anders nennen – wir verbrachten Stunden damit, über seine Ängste zu sprechen. Langsam vertraute er sich mir an und erzählte mir sogar von seinem Suizidversuch. Mit der Zeit bemerkte ich, dass ihm nicht nur ein offenes Ohr, sondern auch der Körperkontakt fehlte. Ich spreche nicht von Sexualität, sondern von menschlicher Wärme. Schon seit Jahren hatte Herbert keine liebevollen oder wertschätzenden körperlichen Gesten mehr erlebt, was seine Einsamkeit umso mehr verschlimmerte und zu Gefühlstaubheit führte. Im Alltag versuchte er, dieses Defizit zu kompensieren: Manchmal ging er absichtlich durch Menschenmengen, um zufällig von anderen berührt zu werden. Bei seinen Spaziergängen in der Natur streichelte er sehr lange die Schafe auf der Weide, weil ihre Nähe ihn beruhigte. Ab einem gewissen Punkt bemerkte ich, dass ihm unsere Gespräche nicht mehr halfen. Doch ich wollte Herbert nicht aufgeben! Obwohl mir das damals noch nicht bewusst war, führten wir eine Spiegelbeziehung. Um mir selbst zu helfen, musste ich ihm helfen.

Herbert verbrachte damals unheimlich viel Zeit bei Peter und mir zu Hause und ich beschloss, ihn wieder menschliche Wärme spüren zu lassen und ihm Vertrauen zurückzugeben. Ich ließ ihn in meinem Arm einschlafen, damit er sich geborgen und sicher fühlte. Anschließend praktizierten wir Übungen der Selbsterfahrung: Ich brachte ihm bei, sich durch sachte Berührung selbst zu erfahren. Zuerst wies ich ihn an, mit der einen Hand die andere sorgfältig abzufahren. Unsere Haut ist unfassbar sensibel und kann mit ihren Sensoren vieles wachrufen. Von der Hand aus berührte er verschiedene Körperregionen, Intimregionen natürlich ausgenommen, weil ich ihn nicht in Verlegenheit bringen wollte. Damit er sich nicht allein damit fühlte, machte ich die gleiche Übung anschließend an mir selbst nach. Auch wenn ich es damals noch nicht wusste, wandte ich eine etablierte therapeutische Methode an, die mir Jahre später in meiner Zeit bei Dr. Udo Derbolowsky begegnen sollte: die Expeditionsreise, eine Achtsamkeitsübung, die uns an unser frühstes Dasein in dieser Welt erinnert. Auch für mich war das damals eine wohltuende Erfahrung. Der Zustand meines Freundes besserte sich. Dadurch, dass er sich selbst wieder bewusst wurde, konnte er mit anderen Menschen leichter in Kontakt kommen. Aber auch für mich war diese Freundschaft ein wichtiger Schritt auf dem Weg zu mir selbst, denn ich fühlte mich bestärkt in meinem Willen, anderen Menschen zu helfen. Gleichzeitig begann ich zu hinterfragen, warum ich mich so gut in Herberts Gefühle hineinversetzen konnte. In den folgenden Jahren reflektierte ich immer mehr die Vertrauensbrüche in meiner Kindheit seitens meiner Eltern, bis ich schließlich in der Therapieausbildung bei Werner Meinhold den sexuellen Missbrauch durch meinen Vater aufarbeitete.

Diese Freundschaft zu Herbert zeigt mein eigenes Resilienzmuster auf: Schon immer suchte ich meine Widerstandkraft in Beziehungswelten.

Intuitiv suchte ich mir die Menschen heraus, die mir Halt gaben und mich in meiner Entwicklung weiterbrachten. Meine jüngere Schwester ging einen anderen Weg: Sie fand in der Spiritualität ihr Zuhause, ihre Stärke. Als Reiki-Meisterin bringt sie heute andere Menschen auf dieselbe Art durch deren Lebenskrisen. Die Spiritualität war ihr Ruf, ihre eigene Resilienz. Wir kamen aus dem gleichen schwierigen Elternhaus. Unser beider Kindheit war überschattet von der Überforderung und Bitterkeit meiner Mutter sowie von der Gewalttätigkeit meines Vaters. Und wir fanden beide unsere individuelle Stärke. Was ich damit sagen möchte: Jeder Mensch entwickelt eine eigene Form der Resilienz. Die Resilienz ist Quelle sämtlicher Kraft, die Summe aller Möglichkeiten im Leben. Sie ist stärker als jeder Rückschlag. Resilienz zu entwickeln heißt, Vertrauen in sich zu haben. Es bedeutet, auch in einer misslichen Lage an ein gutes Ende zu glauben und in den richtigen Momenten um Hilfe zu bitten. In die Zukunft zu schauen, anstatt in der Vergangenheit zu verharren. Man geht aus der Opferrolle in den eigenen Handlungsspielraum, aus dem Gefühl der Kränkung und der Wertlosigkeit in die Selbstwirksamkeit!

Ich bin davon überzeugt, dass jeder Mensch seine innere Kraftquelle trotz traumatischer Erlebnisse finden kann. Tatsächlich haben zahlreiche Menschen ein Trauma, vor allem ein frühes Trauma. Ein Mensch muss nicht erst die schlimmste aller Gewalterfahrungen gemacht haben, um diese fundamentale Kränkung der Seele erfahren zu haben. Auch frühe Ablehnung, Zurückweisung, Vernachlässigung und einfach Einsamkeit können ein Trauma bei einem Menschen verursachen. Es ist wichtig, sich einzugestehen, welche Erfahrungen einen als Kind und auch als jungen Menschen sehr verletzt haben. Nur die Akzeptanz erlaubt es einem, die Opferrolle zu verlassen und für sich selbst die Verantwortung zu übernehmen. Es ist erlaubt, auch mal mit dem eigenen Lebensweg zu hadern. Zweifel sind menschlich. Doch ich glaube, dass die Bewusstwerdung zur Resilienz führt.

Jedem, der noch nach seiner eigenen Resilienz strebt, lege ich auch ans Herz, mit anderen Menschen in Kontakt zu treten. Leider denken die meisten Menschen, die Leid mit sich herumtragen, dass ihr Schicksal und auch ihre Problematik einzigartig sei. Sätze wie „Das kann doch niemand verstehen" oder „Niemand kann mir damit helfen" sind leicht dahingesagt. Doch das stimmt nicht! Viele andere Menschen gehen den Weg der Selbstakzeptanz. Es ist deutlich gesünder, die Gemeinsamkeiten mit den anderen zu suchen und einander zu bestärken, anstatt sich zurückzuziehen und die eigenen Kämpfe im Stillen auszutragen. Deswegen kann ich **Selbsthilfe- und Selbsterfahrungsgruppen** sehr empfehlen.

Aber worin unterscheiden sich **Selbsthilfe-** von **Selbsterfahrungsgruppen**? Entscheidend ist der Autonomiegedanke. In einer **Selbsthilfegruppe** kann ein Therapeut oder Coach anwesend sein, aber es ist nicht unbedingt erforderlich. Und falls ja, hat er hauptsächlich eine unterstützende Funktion und greift nicht künstlich in die Gespräche ein. In der Gruppe haben alle Menschen den gleichen Wert. Jeder bringt sich ein, um Erfolge zu erzielen, und geht dennoch seinen eigenen Weg zur Heilung.

Eine **Selbsterfahrungsgruppe** funktioniert jedoch anders: In diesem Fall werden die Teilnehmer vom Therapeuten durch das Erlebnis geführt. Alle machen eine kollektive Therapieerfahrung – die Erfahrungen und Erkenntnisse des Einzelnen bringen die Gemeinschaft weiter. Außerdem verleiht der tröstende Gedanke „Ich bin nicht allein" manchen Teilnehmern ein Sicherheitsgefühl. Die Aufgabe des Therapeuten ist es auch, sinnvolle Denkanstöße zu geben und Gespräche zu moderieren. Geeignet für Selbsterfahrungsgruppen sind zum Beispiel Aufstellungen, Hypnose und Meditationsübungen, aber auch kreative Therapieformen wie Tanzen, Malen und Gestalten. Diese Prozesse sind dazu da, sich selbst zu erfahren und gleichzeitig die Kraft der Gemeinschaft zu spüren.

Nun möchte ich ein paar Übungen vorstellen, die man im Alltag in akuter seelischer Not oder einfach zur Steigerung des Selbstwerts einsetzen kann. Zwar würde ich jedem, der mit psychischen Problemen zu kämpfen hat, eine Therapie oder ein Coaching ans Herz legen – dennoch gibt es Situationen, in denen man allein ist und sich selbst die Unterstützung geben muss, die man braucht. Deswegen ist es in jedem Fall sinnvoll, ein paar Übungen zur Selbsthilfe für akute Situationen zu beherrschen.

Atemübungen

Atemübungen sind unter Therapeuten sehr beliebt, da der Atem etwas Ursprüngliches ist – er organisiert unser irdisches Sein. Die Atmung bringt dich durch die Allgegenwärtigkeit ins Jetzt und ist der Ausdruck unseres Lebens. Nicht umsonst existieren Redensarten wie „bis zum letzten Atemzug", „außer Atem sein" oder „Atem des Lebens". Daher sind Atemübungen ein sehr einfacher Weg, wieder mit uns selbst in Kontakt zu kommen. Unsere Atmung sagt sehr viel über uns aus. Die meisten Menschen atmen in die Brust anstatt in den Bauch. Dabei ist die Atmung dazu da, mit dem Bauch in Verbindung zu kommen. Schließlich ist der Bauch der Sitz des Gefühls und des seelischen Bereichs. Oft tragen wir im Alltag viel zu enge Kleidung, um gesund in den Bauch atmen zu können. Die Ursache kann aber gleichermaßen psychosomatisch sein: Manche Menschen atmen nicht gerne in den Bauch, weil sie auch Schwierigkeiten haben, offen mit ihren Gefühlen in Kontakt zu treten. In Kapitel 8 habe ich bereits über die unbewussten Funktionen des Körpers und über die Rolle des Sympathikus und des Parasympathikus geschrieben. Die Atmung ist eine dieser unbewussten Funktionen, sie wird vom Gehirn gesteuert und ist ein verselbstständigter Prozess. Dennoch kannst du dir im Alltag deiner Atmung wieder bewusst werden: Atmest du in den Bauch oder in die Brust? Lässt du Pausen zwischen deinen Atemzügen? Atmest du tief oder flach? Fühlst du dich gehetzt, wenn du atmest? Tatsächlich kannst du, wenn du auf die Atmung achtest, nicht nur etwas über dich selbst, sondern auch über andere lernen: Wenn du zum Beispiel jemandem gegenübersitzt, achte auf dessen Atmung und ahme sie nach. Übernimm einen fremden Atemrhythmus und schau, was das bei dir bewirkt. Auf einmal hast du einen ganz anderen Zugang zur Gefühlswelt eines Menschen. Eine regulierte Atmung sorgt für eine tiefe innere Entspannung und bringt dich zu dir selbst zurück. Ich werde nun ein paar Atemübungen präsentieren, die ich in meiner energetischen Ausbildungen kennenlernen durfte und seitdem gerne praktiziere.

Wenn du Anspannung abbauen möchtest, weil du zum Beispiel einen Vortrag halten oder einfach ein herausforderndes Gespräch meistern musst, versuche es mit der folgenden Atemübung. Auch manche Moderatoren nutzen sie, weil sie in ihrem Beruf ständig im Rampenlicht stehen.

Fokus

1. *Atme durch die Nase ein und zähle dabei bis vier.*

2. *Zähle bis sieben weiter und halte währenddessen die Luft an.*

3. *Bist du bei acht angekommen, atme durch den Mund aus.*

Die Übung funktioniert in einem fließenden Rhythmus, stocke daher nicht während des Zählvorgangs.

Solltest du unter Angst und/oder Panikattacken leiden, versuche es einmal mit dieser Übung:

Bei Panik und Angst

1. Atme tief durch die Nase in den Bauch und sprich währenddessen mit ruhiger Stimme zu dir: „Ruhe einatmen."

2. Sobald dein Bauch mit Luft gefüllt ist, atme durch den Mund aus und weise dich selbst an: „Angst und Panik raus!"

Am besten wiederholst du diesen Vorgang ein paarmal. Nimm dir dafür Zeit!

Vollatmung

Die Vollatmung ist eine Methode, alle drei verschiedenen Atemtechniken – nämlich Bauch-, Flanken- und Brustatmung – zu vereinen. Sie wirkt konzentrationsfördernd und beruhigend. Wenn du die Vollatmung durchführen willst, musst du dich jeder einzelnen Atemtechnik widmen und sie verinnerlichen.

1. Bauchatmung

Lege deine Hände auf Bauchnabelhöhe und atme dreimal tief in den Bauch ein und aus. Spüre dabei, wie sich deine Hände heben und senken. Achte auf alle Empfindungen in deinem Bauch.

2. Flankenatmung

Lege deine Hände seitlich an die Rippen und atme dreimal tief in die Flanken. Spüre erneut, wie deine Hände sich zur Seite mitbewegen. Verspürst du ein Kribbeln oder Wärme in den Handinnenflächen?

3. Brustatmung

Lege deine Handflächen auf deine Brust, sodass die Fingerspitzen in der Kuhle über dem Schlüsselbein aufliegen. Atme nun dreimal tief in diesen oberen Bereich deiner Brust ein. Wie bewegen sich die Schlüsselbeine mit? Versuche, deinen Atem bis in die Lungen hinein zu spüren.

4. Vereine alle drei Phasen zur Vollatmung.

Atme dabei in einem Atemzug in den Bauch, dann in die Flanken und schließlich in die Brust. Achte darauf, dass die Atembewegung fließend und sanft ist. Führe die Vollatmung siebenmal hintereinander durch. Wenn du willst, kannst du die Hände unterstützend auflegen.

Expeditionsreise

Als ich damals meinem Freund Herbert helfen wollte, wieder mit seinen körperlichen Empfindungen in Kontakt zu kommen, wandte ich intuitiv eine therapeutische Methode an, ohne mir dessen bewusst zu sein. Während meiner Ausbildung zur Psychopädin bei Dr. Udo Derbolowsky begegnete mir diese Vorgehensweise wieder: Es handelt sich dabei um die Übung „Expeditionsreise". Udo Derbolowsky setzte sie bei Klienten ein, um sie in eine Gefühlssensation zu führen. Die Expeditionsreise ist eine Achtsamkeitsübung und vor allem eine Rückerinnerung an die frühste Kindheit. Sie basiert auf der Selbsterfahrung, die wir als Baby gemacht haben. Ein Baby wird sich in Schritten der Welt bewusst. Dabei fängt es bei sich selbst an: Auf einmal wird der eigene Körper langsam erfahren und als solcher wahrgenommen. Diesen Prozess kann man daran erkennen, dass Babys eine Phase durchlaufen, in der sie zum Beispiel vieles in den Mund nehmen, auch die eigenen Hände und Füße, oder mit der einen Hand die andere berühren. Diese ersten Körperwahrnehmungen nehmen Babys über die Haut auf. Die Haut ist das größte Organ, das wir haben. Sie grenzt das Innen und das Außen voneinander ab und hat sensitive Nerven- und Spürzellen wie kein anderes Organ. Durch ihre Empfindsamkeit setzt sie die Erfahrung in Gang. Je älter ein Mensch wird, desto widerstandsfähiger wird seine Haut, gleichzeitig nimmt aber auch ihre Empfindsamkeit ab. In den folgenden Jahren vergessen viele Menschen, wie sich der eigene Körper anfühlt, und verlieren die Verbindung zu ihm. Vor allem körperliche, sexuelle und psychische Traumata stören die Beziehung zum eigenen Körper. Das liegt daran, dass im Körper Erfahrungsfelder sitzen: Er speichert gewissermaßen unsere Erinnerungen, die guten ebenso wie die schlechten.

Wenn du die Expeditionsreise durchführst, erlebst du durch das Abfahren mit der Hand deinen Körper und realisierst seine Vielfältigkeit. Es findet eine Rückerinnerung an frühere Erfahrungen statt. So verdrängst du diese Erfahrungen nicht mehr, sondern kannst sie annehmen. Solltest du mit deinem Körper unzufrieden sein, kann die Expeditionsreise eine stärkende Wirkung haben. Allerdings solltest du dann erst mit denjenigen Stellen deines Körpers anfangen, mit denen du nicht haderst. Wie bereits erwähnt, können aber auch verdrängte traumatische Gefühle wieder bei dir ankommen. Falls du noch nicht bereit bist, dich diesen Empfindungen allein zu stellen, kannst du gerade am Anfang auch einen Therapeuten um Unterstützung bitten.

Die Expeditionsreise ist eine sehr sensible Übung und erfordert vor allem viel Zeit. Nur so kannst du dich auf die Erfahrung einlassen.

1. *Schließe deine Augen und atme ruhig.*

2. *Fahre mit der einen Hand sanft über die andere. Lass dir dabei Zeit und konzentriere dich auf die Empfindungen, die das bei dir auslöst.*

3. *Mach mit dem Gesicht weiter. Fahre es langsam mit der Hand ab: über die Schläfen, die Stirn, die Augenbrauen, die Nase, deine Ohren. Wie erlebst du dein Gesicht? Wenn du willst, kannst du auch den ganzen Kopf berühren. Wie fühlt sich deine Schädeldecke an? Deine Schläfen?*

4. *Arbeite dich vom Kopf aus weiter zum Nacken, zur Schulter, zur Brust. Wandere abwärts über den Bauch, die Genitalien, die Beine und schließlich die Füße. Nimm dir für jede Körperregion Zeit und gehe dabei sehr behutsam mit dir um. Achte*

darauf, welche Berührungen sich gut anfühlen und welche unangenehme oder auch unerwartete Empfindungen auslösen.

Die Expeditionsreise ist eine Übung, die ich Klienten oft als Therapiehausaufgabe mitgebe. In diesen ruhigen Momenten mit sich selbst merken manche von ihnen: „Es gibt bestimmte Körperregionen, da kann ich gerade nicht hin. Da fühlt sich eine Berührung nicht gut an." Warum wir eine bestimmte Körperregion nicht berühren wollen, kann verschieden Ursachen haben. Vielleicht haben wir einst die betreffende Stelle verletzt oder aber sie steht für bestimmte Gefühle, denen wir uns stellen müssen. Ich denke da stets an eine Klientin zurück, die während ihrer Lebensanalyse diese Übung jeden Morgen sehr konsequent durchführte. Schließlich besprach sie mit mir, wie sie sich dabei fühlte. Mit bestimmten Körperregionen hatte sie Schwierigkeiten und wollte sie daher nicht anfassen: zum einen mit ihrem Bauch, zum anderen mit ihren Genitalien. Berührte sie diese Körperregionen dennoch, löste das ungute Erinnerungen aus, denen sie sich nicht stellen wollte. Doch dieser Hinweis war wichtig! So wurde deutlich, dass sie sowohl mit ihren Emotionen als auch mit ihrer Sexualität Negatives in Verbindung brachte, was wir in den nächsten Sitzungen besprechen konnten. Die Expeditionsreise hat sehr viel mit dem Selbstwert, aber auch mit negativen Gefühlen und Traumata zu tun. Die Körperregionen, die wir lieber nicht anfassen möchten, beziehen sich oft auf Lebensbereiche, in denen wir uns minderwertig fühlen. Das langsame Vortasten bringt uns auf den Weg der Selbstliebe und der Selbstwertschätzung.

Spiegelübungen

Dein inneres Du

Der Beginn einer jeden Beziehung ist die Beziehung zu sich selbst. Unterschätze nicht den Einfluss von Selbstgesprächen! Selbstgespräche sind genauso bedeutend wie die Unterhaltungen, die wir mit anderen Menschen pflegen. Sie sind Dialoge mit uns selbst, die wir jeden Tag in unserem Leben führen. Und genau aus diesem Grund sollten wir sie achtsam angehen. Besonders intensiv setzten sich Pierre Franckh, Michaela Merten und Christian Bischoff damit auseinander. Von ihnen lernte ich, durch Übungen mein Selbst zu unterstützen und zu ermutigen. Das kannst du auch!

1. Wie sprichst du mit dir? Machst du dich selbst klein? Beschimpfst du dich oder sabotierst du dich gar selbst? Bestrafst du dich für deine Fehler? Oder sprichst du liebevoll mit dir? Lobst du dich, wenn du etwas gut gemacht hast?

2. Stell dir eine Mutter und ein Kind vor, die am Straßenrand stehen. Auf der anderen Seite der Straße erblickt das Kind seinen Freund und läuft einfach los, ohne nach Autos Ausschau zu halten. Dabei stürzt das Kind, schlägt sich sein Knie auf und weint. Was tut die Mutter? Läuft sie zu ihrem Kind, versorgt die Wunde und tröstet es liebevoll, bevor sie es in vernünftigem Ton dazu auffordert, in Zukunft vorsichtiger zu sein? Oder läuft sie schimpfend auf das Kind zu, zerrt es unsanft wieder auf die Füße und schlägt es vielleicht sogar?

3. Nun frage dich: Welche Art von Mutter bist du dir selbst, wenn du scheiterst oder unüberlegt gehandelt hast?

Wie du mit dir selbst sprichst, basiert auf Gewohnheiten. Zum Glück kannst du diese Gewohnheiten auch ändern. Versuche, dir im Alltag liebevoll zu begegnen.

Der Blick auf das Selbst

1. Stelle dich vor den Spiegel und schaue dich ruhig und bewusst an. Wie nimmst du dich wahr? Kannst du dir in die Augen schauen oder fällt dir das schwer? Schneidest du Grimassen? Oder lächelst du dich an?

2. Wandert dein Blick sofort zu den „Problemzonen"? Falls ja – versuche, deinen Blick erst einmal auf jene Stellen deines Körpers zu lenken, die du an dir selbst schätzt.

3. Wiederhole die Übung regelmäßig. Mit der Zeit wird dein Blick auf dich selbst wertschätzender und weniger kritisch.

Positive Affirmationen

1. Stelle dich morgens vor den Spiegel und betrachte dich bewusst. Versuche, dir dabei möglichst wertschätzend und liebevoll in die Augen zu sehen.

2. Begrüße dich selbst so herzlich, wie du einen guten Freund begrüßen würdest.

3. Such dir ein paar aufmunternde, freundliche Sätze aus, die du dir gerne selbst mit auf den Weg geben möchtest. Hier ein paar Beispiele:

„Ich bin erfolgreich."
„Ich bin glücklich."
„Ich bin liebenswert."
„Ich bin schön."
„Ich mag mich so, wie ich bin."
„Ich bin ein Geschenk für mich und für die Welt."
„Das habe ich gut gemacht."

Suche dir Sätze aus, die zu dir und zu deinen Charaktereigenschaften passen. Bedenke aber: Das Unterbewusstsein kennt kein „nicht". Stell dir vor, jemand würde dich auffordern: „Denke nicht an einen rosa Elefanten." Natürlich würde sofort das Bild eines rosa Elefanten vor deinem inneren Auge auftauchen. Deswegen überlege dir Sätze, die eine positive Aussage beinhalten, wie zum Beispiel „Ich bin eine Bereicherung" oder „Ich bin umgänglich/attraktiv/intelligent ...", anstatt zu sagen „Ich bin keine Last" oder „Ich bin nicht kompliziert/nicht hässlich/ nicht dumm ...". Lobe dich selbst für das Gute in dir. Klopfe dir selbst auf die Schulter, sobald etwas gelingt.

Im ersten Kapitel habe ich anhand des Gedichts „Der römische Brunnen" das Prinzip der Selbstliebe erklärt: Kinder haben Rechte, Eltern haben die Pflicht, ihrem Nachwuchs bedingungslose Liebe zu schenken. Sobald man aber erwachsen ist, muss man sich diese Liebe selbst entgegenbringen. Frage dich also ehrlich: Liebst du dich selbst? Ist deine Ich-Schale voll? Oder fließt das Wasser direkt in die Du-Schale?

Es ist nicht gesund, anstatt sich selbst ausschließlich die anderen Menschen mit Zuneigung und Bestätigung zu versorgen. Nur wer sich selbst bedingungslos dient, kann das auch für andere tun. Menschen, die anderen Aufmerksamkeit schenken, ohne sich selbst zu versorgen, tun das oft nicht aus purer Großzügigkeit. Stattdessen stecken hinter ihrer Aufopferung eine extreme Bedürftigkeit sowie der Wunsch, selbst etwas zu bekommen. Im schlimmsten Fall kann das sogar zu Manipulation und emotionaler Erpressung führen.

Erfolgsbuch

1. Schreibe am Ende des Tages auf, was dir gelungen ist. Es muss keine riesige Leistung sein, es kann sich auch um etwas Kleines handeln.

2. Beispiele: „Ich habe heute ein leckeres Essen gekocht." – „Ich war heute lange im Wald spazieren und habe die Natur ganz aufmerksam erlebt." – „Ich war heute sehr diszipliniert." – (aber auch) „Ich habe heute gut für mich gesorgt."

3. Nun denke das Prinzip weiter. Erinnere dich an Momente in deinem Leben, in denen du Herausforderungen gemeistert hast und daran gewachsen bist. Schreibe diese Situationen auf und lobe dich selbst für deine Stärke!

4. Nimm dir für den nächsten Tag kleine Ziele vor. Wenn du dir sagst:

„Ich möchte heute eine Runde laufen gehen" oder „Ich möchte etwas Gesundes essen", hast du schnell ein Erfolgserlebnis. Schreibe jeden Tag in dein Erfolgsbuch und siehe dabei zu, wie es sich mit den positiven Errungenschaften deines Lebens füllt.

Das Erfolgsbuch ist im Grunde das genaue Gegenteil einer To-do-Liste. Anstatt uns vor Augen zu halten, was wir noch alles leisten müssen, erinnert es uns daran, was wir geschafft haben. Nicht jeder Tag ist ein perfekter Tag, doch fast immer gibt es ein paar Dinge, die uns dennoch gut gelungen sind. Notieren wir diese im Erfolgsbuch, verleihen wir auch den kleinen Dingen eine größere Bedeutung. Was zuvor lediglich ein Bestandteil des Alltags war, wird nun als Leistung gewürdigt. Gerade auf die kleinen Schritte kommt es an!

Meditative Übungen

Denke daran, dass deine Gefühle immer ihren Platz haben. Drücke nach dem Aufstehen nicht als Erstes deine Emotionen herunter. Manchen Menschen hilft es, konsequent das Autogene Training durchzuführen, wie ich es in Kapitel 8 beschrieben habe. Doch es gibt auch kreative Wege, Emotionen auszudrücken, sodass man danach unbelastet durch den Alltag gehen kann. Im Rahmen der Psychoanalyse werden sogenannte Gestalttherapien gerne zur seelischen Aufarbeitung der Klienten eingesetzt. In der Hypnoseausbildung bei Werner Meinhold lernte ich die Morgenseiten und das Malen von Gefühlen kennen. Bist du eher der visuelle oder der verbale Typ? Falls du das noch nicht weißt – probiere es aus!

Morgenseiten

Stehe vom Bett auf und setze dich gemütlich hin. Öffne dann dein Notizbuch und schreibe auf, was dir durch den Kopf geht. Es muss kein tiefsinniger oder raffinierter Text entstehen. Versuche einfach, ehrlich deinen Gedanken und Emotionen Ausdruck zu verleihen.

Gefühle malen

Lege dir Farben und ein weißes Blatt Papier zurecht. In welcher Stimmung bist du? Mit welchen Bildern im Kopf bist du aufgestanden? Hat der Tag eine helle oder eine dunkle Farbe? Wie auch bei den Morgenseiten geht es nicht darum, eine kreative Leistung zu erbringen. Zensiere nicht, was du zu Papier bringst, sondern lass dein Innenleben Gestalt annehmen.

Collagen

Vermutlich kennst du Collagen aus der Kunstwelt. In meiner Zeit bei Pierre Franckh und Michaela Merten lernte ich Collagen auch als Therapiemethode kennen. Das kann sogar richtig viel Spaß machen!

Dankbarkeitscollage

Mache dir bewusst: Wofür bist du dankbar? Was hast du bereits bekommen? Welche Dinge hast du aus eigener Kraft erreicht? Nimm ein paar Zeitschriften zur Hand und suche nach Symbolbildern oder schönen Sprüchen. Nach Belieben kannst du auch Fotos deiner Lieben hinzufügen. Bist du dankbar für dein Zuhause? Deine Familie? Deine Freunde? Deine Gesundheit? Die Liebe? Bestimmt fällt dir etwas ein!

Wunschcollage

Frage dich ehrlich: Was wünschst du dir? Jeder Wunsch hat seine Berechtigung, ob er nun abstrakt oder eher weltlicher Natur ist. Auch hier kannst du kreativ sein: Drücke dich in Bildern aus, in schönen Sätzen. Wenn du willst, kannst du die Wunschcollage auch zusammen mit ein paar vertrauten Menschen machen. Sich etwas aktiv zu wünschen ist nicht naiv oder träumerisch – ganz im Gegenteil. Anstatt in einem undefinierbaren Zustand der Frustration zu verharren, drückst du auf diese Weise klar aus, was du vom Leben willst. Das ist sehr konstruktiv!

Brief an dich selbst

Selbstliebe ist eine Herausforderung, doch du kannst dich selbst freundlich und bestimmt auf diesem Weg begleiten. Triff mit dir eine Vereinbarung, wie du dir selbst gegenübertreten möchtest, und schreibe dir selbst einen Brief. Du bist wertvoll, gehe daher behutsam mit dir um. Jeder Mensch hat das verdient, auch du!

Während eines Seminars mit Pierre Franckh und Michaela Merten, in dem es um Weiblichkeit und um Körperwahrnehmung ging, habe auch ich einen Brief an mich selbst formuliert. Zu dieser Zeit ging es mir nicht gut. Ich hatte zugenommen und fühlte mich in meinem Körper, in meinem Selbst nicht mehr wohl. Mein Wunsch war, wieder mein Wohlfühlgewicht von 55 kg zu erreichen und meinen Körper erneut wertzuschätzen. Heute noch steht dieser Brief gerahmt auf meinem Schreibtisch und erinnert mich an etwas sehr Wichtiges: Ich bin auf dem Weg, mich selbst bedingungslos anzunehmen.

17.10.2010

Liebe Ute,

ich vereinbare mit mir, dass ich mich liebevoll und voller Bewunderung annehme, so wie ich bin. Ich bin eine schlanke, wunderschöne Frau. Ich bin sexy. Ich wiege 55 Kilo und fühle mich rundum wohl. Ich vertraue meinem Gefühl. Ich bin in der Fülle meines Lebens. Mein Körper ist wunderschön geformt. Ich bin in der Leichtigkeit des Seins, erfolgreich in allen Lebenslagen und Lebensbereichen. Ich bin im

Reichtum, in der Fülle meiner Liebe und bin gesund. All das ist mein natürliches Geburtsrecht. Ich liebe mich.

Deine Ute

Selbsthilfe ist Selbstbestimmung. Der Weg dorthin ist individuell: Je nachdem, wie du als Mensch bist, werden dir manche Übungen mehr und andere weniger liegen. Aber wenn du bereit bist, dich zu öffnen und verschiedene Methoden auszuprobieren, bin ich mir sicher, dass du deine eigenen Rituale der Selbstfürsorge findest. Leider habe ich jedoch in meiner Praxis immer wieder Klienten erlebt, die es nicht geschafft haben, Übungen zur Selbsthilfe in ihren Alltag zu integrieren. Ich glaube, dass diese Menschen noch nicht bereit sind, die Verantwortung für sich zu übernehmen. Stattdessen halten sie an einem Glaubenssatz fest, der ihnen sagt, sie müssten sich nur um andere statt um sich selbst kümmern. Das hat sehr viel mit ungesunden Mustern zu tun, die bedauerlicherweise in unserer Gesellschaft verwurzelt sind. Ich greife da wieder auf das Bild vom römischen Brunnen zurück: Hilflose Helfer schütten so viel Wasser in die Du-Schale, dass diese vollkommen überläuft, während die Ich-Schale trocken bleibt. Dabei ist es nicht gesund, andere Menschen mit Zuwendung zu überschütten, während man selbst verarmt. Ich bin davon überzeugt, dass jemand, der nicht imstande ist, für sich selbst zu sorgen, auch nicht für andere Menschen präsent sein kann. Jedenfalls nicht auf eine gesunde Art und Weise.

Schlusswort

Dieses Buch ist für mich das Ende einer langen Reise. Es war die Reise zu mir selbst, auf der ich viele Erkenntnisse gesammelt habe. Ich lebe meinen Ruf und helfe anderen Menschen, zu sich selbst zu stehen. Dies ist nicht einfach – im Punkt unseres größten Widerstands, oft in unserer bittersten Not, liegt die Anbindung, das Urvertrauen wiederzuentdecken und ins Leben zu kommen. Es lohnt sich, da durchzugehen! Meine Tür steht jedem offen, der dabei Unterstützung braucht – selbstverständlich auch dir, da du bis hierher meine Geschichte und meine Philosophien verfolgt hast. Für mich eines der schönsten Dinge überhaupt ist das Leuchten in den Augen der Menschen, wenn sie bei sich selbst angekommen sind.

Ich möchte jedoch nicht nur den Menschen in meiner Praxis helfen. Dieses Buch ist mein Schritt auf eine andere Ebene: All das Wissen, das ich über die menschliche Seele gesammelt habe, möchte ich weitergeben. Ich wünsche mir, mit vielen Menschen da draußen in Kontakt zu treten und ihre Herzen für die Fülle des Seins wieder zu öffnen.

In tiefster Meditation empfing ich einmal ein wunderbares Bild: Ich saß allein in einem Raum. Hinter der Tür warteten Menschen, die meine Hilfe brauchten. Zuerst ängstigte ich mich, doch dann öffnete ich die Tür. Die Menschen waren geduldig. Einer nach dem anderen kam zu mir, um sein Herz von mir berühren zu lassen. Schließlich verließen sie der Reihe nach erfüllt den Raum. Ich hatte in ihnen die Liebe geweckt, die jeder Mensch in sich trägt und mit der Welt teilt. Auch mich trug diese Liebe durchs Leben.

Trotz der schlimmsten Erfahrungen, der Fehlschläge und der Enttäuschungen hörte ich nie auf zu lieben. Die Liebesfähigkeit ist der größte Schatz, den ein Mensch in sich trägt.

Meine Sternstunden sind dann, wenn ich das Strahlen und die Liebe in den Augen meiner Menschen sehe, die von großer Lebensfreude, Frieden und dem Gefühl des Angekommenseins im eigenen Zuhause leuchten und erfüllt sind.

Danksagungen

Nun ist für mich der Augenblick gekommen, mich bei den Menschen zu bedanken, die mich auf meinen Weg gebracht, mich begleitet, herausgefordert und ermutigt haben – manchmal sogar alles zusammen.

Zuerst wende ich mich zum Ursprung und danke meinen beiden verstorbenen Eltern. Vieles ist vorgefallen, Dinge, die sich nicht ungeschehen machen lassen. Aber ich habe akzeptiert, was passiert ist, und erkannt, dass diese Erfahrungen den Menschen aus mir gemacht haben, der ich heute bin. Ich danke auch meiner Schwester Susanne für ihre Liebe und das Licht, das sie in meine schwierige Kindheit und Jugend brachte. Außerdem ließ sie mich die Kraft der Spiritualität spüren, als ich nicht weiterwusste und mich verlassen fühlte. Meiner Omi bin ich dankbar, dass sie mich in den ersten Monaten meines Lebens versorgte und stets liebevoll mit mir umging. Meine Cousins und Cousinen liegen mir auch nach all den Jahren noch am Herzen, insbesondere mit Angelika verbindet mich sehr viel.

Ich danke auch meiner Patentante Marie-Luise und meinem Onkel Günter. Als Kind stand meine Patin Marie-Luise mir teilweise näher als meine eigene Mutter – weil sie der erste Mensch war, der mich gesehen und angenommen hat. Günter, der Bruder meines Vaters und der Patenonkel meiner Schwester, hat dagegen stets seine schützende Hand über die Familie gehalten, wenn sie durch die Gewalttätigkeit meines Vaters bedroht war. Zudem denke ich gerne daran zurück, wie er mir als junges Mädchen das Kartenspielen beibrachte.

Dieter danke ich dafür, dass ich mit ihm meine erste große Liebe erleben durfte. Diese Erfahrung schenkte mir Kraft in den dunkelsten Momenten meiner Jugend – ebenso wie meine Freundschaft zu Montse. Montse war in der Frankfurter Zeit wie eine Schwester für mich, meine allerliebste Herzensfreundin. Meiner Freundschaft mit Angelina verdanke ich ganz wunderbare Gespräche, an die ich heute noch zurückdenke. Meine Freundin Petra heiratete meinen Cousin Peter, über den ich damals Dieter kennenlernte. Ich danke Peter und Petra für die Jahrzehnte, die wir gemeinsam erlebt haben. Diese Verbundenheit geben wir an die nächste Generation weiter. Peter und Petras Sohn Sebastian ist ein liebenswerter, kluger junger Mann. Ich habe die Ehre, seine Patin zu sein, und bin sehr stolz auf ihn.

Dann möchte ich meinem damaligen Lebensgefährten Peter und meinem Freund Herbert danken. In turbulenten Zeiten entflohen wir unseren schwierigen Elternhäusern und fanden in unserer Gemeinschaft eine selbstgewählte Familie. Peter schenkte mir das Vertrauen in die Männerwelt wieder. Herbert dagegen war in der Heilpraktikerausbildung mein lebendes Buch und brachte mir das Lernen neu bei. Seine Freundschaft war ein wichtiger Schritt zu meiner Selbsterkenntnis.

Auch wenn wir als Paar viele schwierige Zeiten durchlebten und nach zwölf Jahren getrennte Wege gingen, danke ich meinem ersten Mann Bernd – denn er bot mir die Möglichkeit, Mutter zu werden.

Schließlich danke ich Jochen dafür, dass er die größte und wertvollste Herausforderung meines Lebens war. Sechs Jahre verbrachten wir zusammen, er bot Marcel und mir ein Zuhause. Gemeinsam verwirklichten wir unsere beruflichen Visionen. Danke für die wunderbare Zeit in Meersburg am Bodensee, für die Nibelungenwelten, für die Leidenschaft – und auch für das Leid, denn es ließ mich hinter meine Angst schauen. Wenn er nicht gewesen wäre, hätte ich niemals den Missbrauch durch meinen Vater aufarbeiten können.

Ich danke Sabine, meinem goldenen Engel und meiner Herzensfreundin, aus der Zeit bei Dr. Udo Derbolowsky, Franz Josef aus der Hypnoseausbildung, meiner lieben Freundin Barbara, die mir den Weg aus der Panik wies und heute noch für mich da ist, und auch Heiko aus der Zeit bei Dr. Udo Derbolowsky und Werner Meinhold. Die Begegnung mit Heiko war wunderschön und ich werde nie vergessen, wie er meine Mutter unterstützte, als sie gegen den Krebs kämpfte.

Bernhard danke ich für sein offenes Herz, in dem sowohl ich als auch Marcel von Anfang an einen Platz fanden. Er ist der treuste Mensch, den ich kenne. An seiner Seite habe ich Heilung finden können. Meinem Sohn Marcel ist er bis heute der emotionale Vater.

Es ist mir unfassbar wichtig, meinen Kindern zu danken. Sechs von ihnen erblickten nicht das Licht der Welt. Aber es ist, wie es ist – sie haben mich und meine Beziehung zu meinem Sohn verändert. Marcel, mein Herzenskind, hat mich an der Mutterschaft wachsen lassen. Ich liebe ihn über alles und bin so stolz auf ihn. Seit so vielen Jahren sind Loupä und er ein wunderschönes Paar und sie haben Bernhard und mir die kleine Minéyla geschenkt. Loupä ist eine der stärksten Frauen, die ich kenne. Für Bernhard und mich ist sie wie eine Tochter. Ich hoffe, dass sie das nie vergessen wird. Außerdem möchte ich René, Bernds älterem Sohn, dafür danken, dass er Marcel immer als seinen Bruder gesehen und geliebt hat. Er ist Minéylas Patenonkel und wird immer seinen Platz in der Familie haben. Auch für mich ist René wie ein Sohn und immer in meinem Herzen.

Aus voller Seele danke ich Werner Meinhold, Dr. Peter Reiter und Dr. Udo Derbolowsky für alles, was ich von ihnen lernen durfte. Ebenso dankbar bin ich für meine Klienten und ihr Vertrauen, das sie mir schenken.

Ganz zum Schluss danke ich meiner Lektorin Bella Bender und meiner Designerin Désirée Riechert Sie haben mich darin bestärkt, dieses Buch zu schreiben, und mir gezeigt, welche Autorin ich sein möchte.

Weiterführende Literatur

1. Derbolowsky, Udo: Psychoanalyse ohne Geheimnis, Basel/ Boston/ Berlin 1990.

2. Derbolowsky, Udo: Wer mich nicht liebt, ist selber schuld. Psychopädie – ein Ratgeber zur praktischen Lebenshilfe, Basel/ Boston/Berlin 1991.

3. Hühn, Susanne: Die Heilung des inneren Kindes. Sieben Schritte zur Befreiung des Selbst, Darmstadt 2008.

4. Jung, Lorenz (Hrsg.): C. G. Jung: Archetypen, in: C.-G.-Jung-Taschenbuchausgabe in elf Bänden, Bd. 5, 15. Aufl., München 2009.

5. Kast, Verena: Märchen als Therapie, 9. Aufl., München 2002.

6. Kraft, Hartmut: Autogenes Training. Methodik, Didaktik und Psychodynamik, 2. Aufl., Stuttgart 1989.

7. Meier, Gert: Im Anfang war das Wort. Die Spracharchäologie als neue Disziplin der Geisteswissenschaften, Hempt 1988.

8. Meinhold, Werner J.: Das große Handbuch der Hypnose – Theorie und Praxis der Fremd- und Selbsthypnose, 6. Aufl., Kreuzlingen, 1997.

9. Meinhold, Werner J.: Tiefenpsychologisch fundierte Hypnosetherapie – Was jeder darüber wissen sollte, 1. Aufl., Kulmbach 2015.

10. Ruppert, Franz: Frühes Trauma – Schwangerschaft, Geburt und erste Lebensjahre, Stuttgart 2014.

11. von Franz, Marie-Louise (Hrsg.): C. G. Jung: Der Mensch und seine Symbole, 15. Aufl. der Sonderausgabe, Zürich/ Düsseldorf 1999.

Das Nachwort:

Ich hoffe, ich konnte dir mit meiner Geschichte Mut machen. Meine Tür steht dir jederzeit offen.

Du möchtest darüber reden? Ich höre zu. Nimm dafür mein kostenfreies 30-minütiges Beratungsgespräch in Anspruch.

https://www.ute-keller.de/

Falls Du schnelle Hilfe brauchst, ruf mich einfach an: 06071/739363